島国文化と
異文化遭遇

海洋世界が育んだ孤立と共生

森田雅也 [編著]

関西学院大学出版会

島国文化と異文化遭遇

海洋世界が育んだ孤立と共生

関西学院大学共同研究成果出版助成金による

はしがき

　本書は、関西学院大学共同研究として研究助成を受けた研究成果報告であるとともに、古代から現代にいたる世界の海洋文化の発展の様相について広く学際的、学術的に問題を提起した研究書である。

　執筆者は、一般研究Aとして、森田雅也が研究代表者となって単年度申請を行った2011年度～2013年度共同研究メンバーである。メンバーは若干名の出入りはあるものの、ともに三年間、本書表題とした「島国文化と異文化遭遇～海洋世界が育んだ孤立と共生～」を研究の真髄として探究に取り組んできた。参考ながら、単年度のテーマは以下である。

2011年度　「海を隔てた文化交渉史～漂流・追放～」
2012年度　「海が運んできた異文化との遭遇～流罪・海賊・侵略～」
2013年度　「島国文化の生成研究～海洋世界が育んだ孤立と共生～」

　本来、関西学院大学共同研究は、本学における学際的学術研究を促進するとともに、複数の組織（学部・学科・研究所等および専門職大学院研究科）にわたる研究交流を促進することを目的として設けられた研究支援体制であるが、その目的に違わず、巻末「執筆者紹介」が示すように、メンバーは人文科学、社会科学等の各々の専門分野において、すぐれた業績を有する一個の確立した研究者ながら、共同研究の場では、互いの研鑽に努めてきた。

　具体的には、研究交流の成果を昇華させるために、一つの研究テーマに多角的高度な視野からアプローチできる利点を生かし、年に4、5回の研究発表・講演を行い、さらなる陶冶を図ってきた。その成果が生かされたのが、本書第1章～第5章の学術論文なのである。

　さらにメンバーは長期的な展望のもと、島国文化の生成を探究する場として、東シナ海に近く存在しながら、孤立と共生を深めてきた三つの海洋島、群島に注目し、2011年度「済州島（耽羅国）」・2012年度「沖縄（琉球）」・2013年度「五島列島（日本）」を対象として実地研修調査を行った。その調査報告が、「第6章　結びに代えて　共同実地研修調査報告「島国文化のトライ

アングル－済州島・沖縄・五島列島－」である。

　さすれば、本書は文字どおり、世界海洋文化に関する学術論文集ということになろうが、その面ばかりではない。

　前陳のごとく、メンバーは全く異なる専門分野の研究者たちである。したがって、研究対象のみならず、研究方法なども違うにもかかわらず、共同のテーマのもとに執筆したものである。したがって、既成の体系的学問分野から越境し、脱却した大変面白い読み物となっている。加えて、研究フィールドが違うため、多分に国際性豊かなグローバルな視点に立った学際的論文ともなっている。

　以上のように本書は、専門的かつ学際的なグローバル的読み物といえるため、教養ゼミ等でのテキストとして使用していただければ幸甚である。

　なお、本書は 2014 年度関西学院大学共同研究成果出版助成金を受けて発刊できたことを記して感謝としたい。

（文責　森田雅也）

　　表紙の書は書家の廣崎陽美さん（atelier B2）、表紙・本文中の挿絵はイラストレーター
　　のヤマサキ・ケイコさん（atelier B2）にご協力いただいた。

目　次

はしがき ……………………………………………………………森田　雅也　3

第1章　島国日本と異文化遭遇
第1節　西鶴『一目玉鉾』と「海の道」
　　　　──島国文化としての視点から── ………………森田　雅也　9

第2章　アメリカ海洋世界と異文化遭遇
第1節　ニューベッドフォードとアメリカの捕鯨 ………田中きく代　33
第2節　ターザン、南海へ行く
　　　　──エキゾチック・ハリウッドの政治学──
　　　　　　　　　　　　　　………………………………塚田　幸光　57

第3章　ヨーロッパ・地中海海洋世界と異文化遭遇
第1節　奴隷船が出港するまで
　　　　──近世フランス奴隷貿易の一局面── ……………阿河雄二郎　79
第2節　皇帝ユスティニアノス2世の流転
　　　　──紀元700年のビザンツ北方世界── …………中谷　功治　107

第4章　アジア海洋世界と異文化遭遇
第1節　済州島研究の先駆者　泉靖一
　　　　──『済州島』をめぐって── ……………………山　　泰幸　133

第5章　国際海洋世界における孤立と共生
第1節　忘れられたもう一つの植民地
　　　　──旧南洋群島における宗教と
　　　　　　政治がもたらした文化的遺制── ………………李　　恩子　147
第2節　海を越えるキリスト教
　　　　──海を隔てた文化交流の結果として
　　　　　　無教会主義を捉える試み── …………………岩野　祐介　169

第6章　結びに代えて　共同実地研修調査報告
第1節　島国文化のトライアングル
　　　　──済州島・沖縄本島・五島列島── ………………森田　雅也　197

第 1 章

島国日本と
異文化遭遇

第1節

西鶴『一目玉鉾（ひとめたまぼこ）』と「海の道」
——島国文化としての視点から——

森 田 雅 也
文学部文学言語学科教授

1 『一目玉鉾』から見る江戸時代の島国「日本」

　西鶴『一目玉鉾』［四巻四冊、元禄二（1689）年刊］は、第一巻が北海道より奥州街道を経て江戸まで。巻二が江戸より東海道を進んで大井川まで。巻三は同じく東海道を金谷から大坂「天満豊崎」まで。巻四は大坂より瀬戸内海を通って長崎・壱岐・対馬に至るまでの当時の城下町・宿駅・遊廓・物産・社寺・名所・古跡・故事・古歌などを記述した絵入り旅行案内地誌である。
　今日の旅行の愉しみ方でも、かの地の旅行ガイドブックは必需品であるが、その草分け的存在が、この『一目玉鉾』と言ってよい。
　江戸時代の人々は、「士農工商の身分制のもと、農民は土地に縛られ、町人は寺請制度などで戸籍管理がなされ、移動すなわち旅行は法令等で禁止されていたのでは？」「生まれてから死ぬまで一生同じ土地以外は知らない人がほとんどではなかったか？」というような質問を投げかけられたのは、論者の担当講義での受講生アンケートの記述からであるが、往々にして、このような「江戸時代」を閉塞社会とする一面的な一般認識は根強いのではなかろうか。
　江戸時代の国際交流に関しても、長崎出島からアジア・ヨーロッパへの窓口を持ち、中国、琉球、朝鮮とも国交があったにもかかわらず、岩窟に閉じ込められていた「鎖国日本」というイメージが強いが、すべてが、ペリー来

航、開国、明治維新、文明開化という日本近代化躍進の図式的説明からの便宜ではなかったかと推定している。

その点、『一目玉鉾』は巻一から巻三までが北海道・東日本から大坂までの名所旧跡。巻四は西日本から長崎さらに以西の島々の名所旧跡を紹介している。これは日本列島そのもののガイドブックである。

江戸幕府は、徳川家直轄の天領と260前後の藩との大国家と小国家の集合体であったというような捉え方あるが、これもすべてとは言えない。

『一目玉鉾』の作者「西鶴」の作品に『日本永代蔵』があり、ほぼ同時代の「近松門左衛門」の作品に『日本振袖始』などがあるように、当時の人々には、統一国家「日本」という国家意識は明確にあったといえよう。

特に西鶴は、この『一目玉鉾』の巻頭序文を「久かたの日本(ひのもと)雲はる平治(おさま)る」で始め、巻一の書き出しも

　　　東の沖浪しづかに毎朝くれな井の影ゆたかに久かた日の本爰也
　〇日の出の浜
　我国は天照神の末なれば日の本としも云にぞ有ける
　天津空替るらず日の本の国静かなる御代ぞかしこき[1]

図1　『一目玉鉾』関西学院大学本写真

と「日の本」、すなわち「日本」の地誌であることを強調しているのである。

　そのためであろうか。西鶴の『一目玉鉾』の「長崎」の項には「此より唐国への海上／高麗迄百四十四里／南京迄三百十五里／琉球迄五百里／高砂迄五百里／福州迄五百四十里」とある。これぐらいなら近隣の交易感覚でわかるが、いくつかの後「かぼうちや（カンボジア）迄千七百二十里／しやむ（シャム）迄二千（原文は二万としているが誤記）百五十里」と南蛮貿易時代の国々まであげ、当時の人々は未知のはずの「ゐんでいや（南印度）迄四千百四十里／こは（インドのゴア）迄四千百十里／さんろれんば（サンロレンソ。マダガスカル島の一部）迄五千二百五十里」と続き、「いすはんや（イスパニヤ）迄一万千七百三十里」／いげれす（イギリス）迄一万二千六百七十五里／おらんだ（オランダ）迄一万三千二百里／らうま（ローマ）迄一万三千二百三十里」と「海の道」で「日本」と「世界」が繋がっていることを宣言している。「鎖国」や「キリシタン」が禁制なら、当時すでに存在した出版禁止令に抵触するはずであるが、元禄時代の日本はこれらを受け入れ

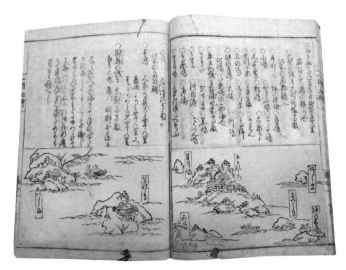

図2　『一目玉鉾』最終丁写真

1）本稿の西鶴の浮世草子の引用は、『新編日本古典文学全集　井原西鶴集1〜4』（小学館）によっている。『奥の細道』も同様である。

る国際感覚を有していたと言える。

　もちろん、この「里」は海路であるし、でたらめな数字であると思われるが、26の世界の都市または国家を羅列の後に「右は日本道の積り也」とある。つまり、「1里＝4km」で計算しなさいということになる。

　ちなみに、「高麗迄百四十四里」とあるが、上記の計算法からは「576km」である。簡易計算では関西空港〜釜山空港まで空路「568km（グーグルマップ・地図蔵）」となっている。存外、この西鶴が示す距離は正しいのではないだろうか。そうなると、これは立派な海外渡航のガイドブックにもなっているといえる。

　その意味では、この旅行案内地誌を読めば、居ながらにして日本と世界の果てまで知ることができるのである。当時、『一目玉鉾』は版を重ね、求版され、改題されてまで、多くの人々に読まれている理由も納得できる。

　鎖国下において、この国際的知識は、いわば情報収集の賜物であって、長崎の出島を一歩、海に出れば、その道は「船」で世界に繋がっていることを示しているのである。逆に見れば、ヨーロッパのような遠路遙々の世界各地まで、仮に歩いて行くならば、着くことは到底不可能であるが、「海の道」を利用すると、「船」の上で寝てさえいれば、いつかは「イスパニヤ」「イギリス」「オランダ」「イタリア」などに行くことができる。それこそが、海に囲まれた島国「日本」の最大の利点なのである。中国のような大陸では海に到達するだけで南船北馬の長い道のりがあることを人々は知っていたのである。そして、その夢のような海の旅を叶えてくれるのが、「船」である。

　　　今程、船路の確かなる事にぞ。世に船あればこそ一日に百里を越し、十
　　　日に千里の沖をはしり、万物の自由を叶へり[2]。

という一文に示されるように、この頃完成度を増した弁才船、西廻り航路などの北前船の利便さは、和船への高い信頼度となっていた。

2）拙著「第一章　西鶴浮世草子の情報源──「米商人世之介」の側面からの一考察」『西鶴浮世草子の展開』和泉書院　2006年刊

西鶴の『好色一代男』［天和二（1682）年刊］でも7歳から60歳まで日本の女性と遊び尽くした世之介が最後、南にある女護が島目指して乗る船もこの和船を代表する帆船・弁才船なのである。
　いわば、西鶴は当時の人々の「海の道」への憧れと「船」への信用度の高さとを巧みに利用し、『一目玉鉾』を書き上げたのである。それは地誌というより、「旅への誘い」の書であったと言えよう。
　しかし、『一目玉鉾』巻一から巻三は陸路から取材した地誌となっている。特に巻一は船では行けない東北内陸部の地誌が中心である。その謎について、同時代の芭蕉『奥の細道』を取り上げて、以下論じたい。

2　同時代人であった俳諧師「西鶴」と俳諧師「芭蕉」

　井原西鶴（1642～1693）といえば、『好色一代男』という、日本文学史を塗り替える浮世草子でデビューし、『諸艶大鑑（好色二代男）』、『好色一代女』、『好色五人女』、『武家義理物語』、『日本永代蔵』、『世間胸算用』など世界に誇る短編集を二十作品余り残しており、小説家としてのイメージが強く、そのためにかかる『一目玉鉾』をなぜ刊行したか、意外感を抱く方も多いはずである。
　しかし、そもそも西鶴は名だたる俳諧師であったのである。同時代の松尾芭蕉（1644～1694）とは俳人としての活躍時期がずれるためにライバルとは呼べないが、芭蕉の蕉門が台頭する前の談林派、特に大坂談林の旗手であったのである。
　江戸時代の俳諧の隆盛は松永貞徳（1571～1653）に始まる。和歌を細川幽斎に、連歌を里村紹巴に学んだ貞徳は、俳諧の持つ文芸的価値を見出し、特に俗語、俚諺、漢語を「俳言」を重視した。このわかりやすい俳風は、身分を超えて広く人々に親しまれ、彼をして「貞門派」と呼ばれるようになった。門下には、七俳仙と呼ばれる重頼、立圃、良徳、西武、貞室、季吟、安静や、宗因、徳元、休甫、望一など和歌、連歌、古典文学などに深く親しんだ優秀な文人が揃っていた。中でも、古典文学研究に力をそそぎ、『源氏物語湖月抄』をはじめとする注釈書を多数刊行した北村季吟（1625～1705）に

師事する者は多かったが、その一人、伊賀上野藩の侍大将藤堂良精の三男蝉吟（1642〜1666）に仕えていたのが松尾芭蕉であった。若き日の芭蕉は主君蝉吟に俳諧でも師事していたのであろう、蝉吟夭折の後、伊賀上野から江戸に出て、江戸俳壇に入り込み、桃青と名乗ることになる。

　貞門派は隆盛を保ちつつも、形式的な「俳言」に言葉の滑稽を追求するあまり、類型化し、貞徳の死、門人同士の対立もあり、徐々に衰退していったが、ここに西山宗因（1605〜1682）の談林派が台頭する。

　大坂天満宮の連歌宗匠として名声を得るようになっていた西山宗因は、諸国より呼ばれ、各地に出張、『松島一見記』『筑紫太宰府記』『西国道日記』などの紀行文を書くが、貞門派の重鎮松江重頼らと俳諧の道にも親しむようになる。宗因は、俳諧でもすぐに頭角をあらわし、貞門古風のマンネリズム化していた「詞付」から脱却して、軽妙自在な「心付」の特色をもって俳壇に清新の風を吹き入れた。軽口・狂句をもって荒木田守武の流れをくむ、談林俳諧グループを形成、瞬く間に全国から俳人たちが集まり、談林派宗枢として仰がれるようになった。その最も活発であった大坂談林俳壇に鶴永こと若き日の西鶴が馳せ参じ、「西」の字をいだき「西鶴」として中心的存在となってゆくのである。

　同じ頃、江戸俳壇に桃青と名乗り、西山宗因東下に際し、駆けつけたのが若き日の芭蕉であったが、宗因風の俳諧と一線を画し、芸術性を追究し、自らが唱導して江戸の地を中心に蕉門を育て、やがて全国各地からも多くの弟子を得て、蕉門を確立していくのである。

　西鶴は談林俳諧師として急速に人気を得、矢数俳諧興行などでも注目を浴び、貞享元（1684）年6月5日、難波の住吉神社で催した一昼夜23,500句は衆目を驚かせた。しかし、西山宗因死後、俳諧を離れ、突如『好色一代男』という奇想天外な仮名草子（死後、文学史的に「浮世草子」と名付けられた）を引っ提げて、今でいう小説の部門で更なる名声を博し、晩年十年で多作し、浮世草子作家の名を不動にした。

　このテリトリーとジャンルの違う西鶴と芭蕉。今日の研究において、東の芭蕉と西の西鶴に面識はなかったとするのが通説であるが、会ったという証拠も会わなかったという根拠もなく、二人の関係は不明である。

第 1 節　西鶴『一目玉鉾』と「海の道」　15

ところが、この二人が同じ年に違った形で全国の旅を思い立つ。

これが元禄二（1689）年。かたや全国地誌『一目玉鉾』を刊行し、かたや「奥の細道」の旅である。（本稿では「奥の細道」を旅、『　』は書名として区別している）

時系列では、西鶴が『一目玉鉾』を大坂心斎橋の「雁金屋」から刊行したのは元禄二年正月。芭蕉が「奥の細道」に旅立ったのは元禄二年 3 月 27 日。ともに東北の地の紀行文が書かれている。両書の関係を次章で検討する。

3　「奥細路(おくのほそぢ)」と「奥の細道」

先にもふれたように、『一目玉鉾』は、雄壮な序文から始まっている。

　久かたの日本、雲は平治(おさま)る江東の山、風は穏なり関西(くはんせい)の海、今、君が代の道すぢ広く十廻(かへり)の松條(えだ)に音なく、千声丹鳥の舞謳歌(せんせいたんてう)(うたへり)、抑成務天皇五年(そもそも)（4 世紀中）に諸国の境をわかち、それより、行基はしを掛、堤を築給ひ、末の世の民まで土の車を引歌にして、東路(あづま)の名所旧跡を改め、夷が千島の干鮭の目も見ぬ事は人にかたるべき種なし。忍ぶ摺の石を燧筒(ずり)(ひうちばこ)には入がたし。

　松島塩竈の煙に莨菪(たばこ)は眠の覚もの、白川夜ふねと聞しに、山に有関を越て、武蔵のゝ月の赤ひも、富士の雪のおもしろいも、詠めてこそ。三保崎の雁も、田子の浦の鰹魚(かつを)も、喰ねばしれ。泊々、宇津の山辺の蔦かつらは尋ねずして、十団子(とをだんご)を都への伝もかなと思ふも、替る世の中の人心、赤阪に遊女あり、岡崎に長橋有、鈴鹿の鬼も偽りの時雨に、近江菅笠、是やこの相坂山の戻り馬も、暮て伏見の川舟、難波の梅の匂ひ、風に舟路の浦々島々、鳴門の浪風ゆたかに日の出の浜より西泊の海迄、長旅の枕詞に一目玉鉾と名付、見えわたりたる道しるべぞかし。

　　　　維時元禄二年己巳正月吉辰　　　　　　　　　難波俳林
　　　　　　　　　　　　　　　　　　　　　　　　　松壽、鶴

「難波俳林松壽」とは「西鶴」のことである。今、「日本」は江戸や関東の山の雲は治まり、関西の海も風が穏やかである、と世の平穏無事を「君が代

（天皇）」と「十廻の松（松平すなわち徳川）の治世」の見事な治世によると、その徳を讃えているが、これはお上への配慮として江戸時代の出版物の常套句である。

　以下、古代に国づくりがなされ、奈良時代の行基が土木工事を指揮し、日本は創られたが、この書では北海道千島、東北の各地、江戸から東海道、大坂から瀬戸内海、長崎の西泊までの名所旧跡を網羅したと縷々語っている。

　そこで書名は『一目玉鉾』としたというが、「玉鉾」は本来、「道」にかかる枕詞または「道しるべ」そのものの意味でも用いた（『日本国語大辞典』）という語であるから、今風に言うなら、「一目でわかる日本名所旧跡ガイド」というような命名であろうか。

　一方、芭蕉の『奥の細道』［元禄十五（1702）年刊］は、
　　月日は百代の過客にして、行かふ年も又旅人也。舟の上に生涯をうかべ馬の口とらえて老をむかふる物は、日々旅にして、旅を栖とす。古人も多く旅に死せるあり。予もいづれの年よりか、片雲の風にさそはれて、漂泊の思ひやまず、海浜にさすらへ、去年の秋江上の破屋に蜘の古巣をはらひて、やゝ年も暮、春立る霞の空に、白川の関こえんと、そゞろ神の物につきて心をくるはせ、道祖神のまねきにあひて取もの手につかず、もゝ引の破をつゞり、笠の緒付かえて、三里に灸すゆるより、松島の月先心にかゝりて、住る方は人に譲り、

と旅立ちを志すことは衆知のことである。「奥の細道」の当面の目標は「松島」だとして、江戸から北上、日光・福島周辺・仙台・塩釜・松島から石巻を経て、平泉へと東北を横断、日本海側の酒田・象潟・山形周辺などを経て、新潟・富山・石川・福井から滋賀を通り、岐阜・大垣に達している。

『奥の細道』経路は、図3を参照。

　芭蕉の生涯は旅を住処としたように言われるが、まさに日本を歩く旅であった。中でも『奥の細道』の旅が壮大すぎる。約半年という期間で約六百里（2,400 km）を踏破したわけであるが、これは画期的なスピードでの徒歩旅行であった。句会や地元での挨拶回り、名所旧跡巡り、病による遅延など

の日数を差し引けば、一日あたり、20 km をこえるペースともなる。加えて未だ街道も整わぬ東北の杣道、出羽三山などの急峻な山道を炎天下の夏に歩き続けることは異常ともいえる運動量であって、その面からは忍者説という荒唐無稽な論も捨てがたいといえる。

したがって、一部の東北を知る人たちを除いた当時の多くの人々にとっての『奥の細道』の魅力は、自分たちには未知なる東北を歩いて記録したドキュメント、ノンフィクションを読む楽しみがあったのである。すなわち、芭蕉の俳文というより、道中記としての楽しみ方もあったのである。

とはいうものの、この『奥の細道』の記述が実際の旅とは違っていることを、芭蕉に随行した門人曽良［1649〜1710］が「奥の細道」の旅の事実を記録した『曽良旅日記』が昭和18（1943）年に公表されて知ることとなる。しかし、そのことによって、以降はフィクションとは言わないまでも、その芭蕉の創造性に着目し、紀行文としての文芸性を見出すようになっていく。

言わずもがなであるが、『奥の細道』の根幹そのものは、芭蕉が曽良を随行して歩いた、元禄二年の「奥の細道」を歩いた経験がすべてであるが、元禄十五（1702）年、『奥の細道』を刊行するまでに何度もの推敲を行っている。芭蕉はその間に単なる旅日記、発句日記に資料調査を加えたことは間違いない。特に古歌や名所旧跡の由来は、旅当時の見聞に、旅の終了後に正確な地誌を机上において、改訂された作業が行われた筈である。

それでは、そのような地誌の一つに『一目玉鉾』があったとすれば、どうであろうか。もちろん、先人にその説を唱えた方もあるが、確証は得られなかった。しかし、影響を認めざるを得ない箇所はいくつかある。

例えば、平泉の「光堂」の場合、『一目玉鉾』は、
　　此久蔵寺は秀衡建立の霊屋也。七宝荘厳の巻柱にしてひかりわたれり、
　　此所今に桜の谷也。
『奥の細道』は、
　　七宝散うせて珠の扉風にやぶれ、金の柱霜雪に朽ちて、すでに頽廃空虚
　　の叢と成るべきを、四面新に囲みて、甍を覆て雨風をしのぐ。
と「七宝荘厳の巻柱」の一時は朽ちた情報の上に現在の形状の詳細を書く。
　「平泉」についても、『一目玉鉾』は、

泉三郎忠衡城の跡有。

と留めるのに対し、『奥の細道』は、

　　　衣川は、和泉が城をめぐりて、高館の下にて大河に落ち入る。

「泉三郎忠衡城」と「和泉が城」は同じである。他にも紹介する事項が多い「平泉」の案内に、二人とも「七宝」「泉三郎忠衡」にこだわっているのは偶然だけであろうか。

　「泉三郎忠衡」は兄泰衡に背いてまで源義経に味方して滅ぼされた藤原秀衡の三男であるが、芭蕉は「**塩釜神社**」で

　　　かねの戸びらの面に文治三年和泉三郎寄進（きしん）とあり。
　　　五百年来のおもかげ、今目の前（まえ）にうかびて、そぞろに珍し。
　　　かれは勇義忠孝の士なり。

と、源義経に仕えて滅んだ五百年前を「文治三年」の記述で重々しくするが、『一目玉鉾』の「平泉」周辺の地誌でも

　　　喜多賀美川（北上川）
　　　逆柴山、一の関、高舘城
　　　文治五年源義経合戦の場なり

と「文治」の元号にこだわっている。芭蕉の「夏草や兵どもが夢の跡」はあまりに有名であるが、その書き出しの名文

　　　三代の栄耀一睡の中にして、大門の跡は一里こなたにあり。
　　　秀衡が跡は田野になりて、金鶏山のみ形を残す。
　　　まず、高館にのぼれば、北上川南部より流るる大河なり。

と遠景の描写から入る「平泉」の条は、『一目玉鉾』の相と似ている。もちろん、『奥の細道』が俳文として美文であることは当然であるが、『一目玉鉾』の名所案内の方法に依拠している可能性は否定できない。

　源義経周辺へのこだわりという点では、『奥の細道』で芭蕉がわざわざ訪ねた義経の忠臣佐藤継信・忠信兄弟の実家「**佐藤庄司が旧跡**」が上げられる。

　　　佐藤庄司が旧跡は、左の山際一里半ばかりにあり。
　　　飯塚の里鯖野と聞きて尋ね尋ね行くに、丸山といふに尋ねあたる。
　　　これ、庄司が旧跡なり。
　　　梺に大手の跡など、人の教ゆるにまかせて泪を落とし、またかたはらの

第 1 節　西鶴『一目玉鉾』と「海の道」

　　　古寺に一家の石碑を残す。中にも、二人の嫁がしるし、まず哀れなり。
　　　女なれどもかひがひしき名の世に聞こえつるものかなと、袂をぬらし
　　　ぬ。堕涙の石碑も遠きにあらず。
といかにも忘れられた旧跡を求めて、艱難辛苦の旅路でたどり着き、涙を落としたとするが『一目玉鉾』にも「瀬の上」「甲冑堂」の条があるが、
　　　此所に鶴上川とて清き流れ有、見渡しに丸山、是は佐藤庄司古城の跡
　　　也、後鳥羽院文治五年十月二日に厚免の蒙り、爰に住（往）す。
　　　是は佐藤庄司が二人の子継信忠信が女の御影、鎧を着しむかしを今に其
　　　姿を木像に移し置ぬ。
と一般的な名所としてあげるにとどまっている。
　　また、芭蕉の考証癖の所以のようにあげられるのが「壷　碑」（つぼのいしぶみ）の条である。
　　　市川村多賀城にあり。つぼの石ぶみは高さ六尺あまり、横三尺斗か。
　　　苔を穿て文字かすかなり。四維国界の数里をしるす。この城、神亀元
　　　年、按察使鎮守府将軍大野朝臣東人の所置なり。
　　　天平宝字六年参議東海東山節度使同将軍恵美朝臣修造而、十二月朔日と
　　　あり。聖武皇帝の御時に当れり。
これも『一目玉鉾』にも「壺石文」としてとりあげられており、
　　　此石高六尺横三尺厚一尺五寸、面向に立、抑多賀城は神亀元年甲子按察
　　　使　鎮守府将軍大野朝臣東人所築也、其後天平宝字六年十二月東海道節
　　　度使兼鎮守府将軍藤原恵美朝臣此城内に立置て此碑といへり。
　　　田村将軍鉾を持て此碑のうちに爰を日本の中心のよし伝へり、又壺とい
　　　ふ所の名にはあらず、前栽に立られしゆゑなり。
と旧跡の一つとして、紹介している。
　　他にも、『奥の細道』だけを読めば、素晴らしい名所旧跡を求めた歌枕ならぬ俳枕の旅ということになるが、『一目玉鉾』があげている名所旧跡の検証ともいえるほど轍を一にしている。
　　例えば、『一目玉鉾』の表記にしたがって主立った地名を書き出しても、「末の松山」「沖の石」「十符菅薦（菅菰）」「躑躅岡」「宮城野」「実方塚」「二木の松」「伊達大木戸」「忍摺石」「白川関」「遊行柳」「芦野」「那須野」「殺生石」「室の八嶋」「黒髪山」「草賀（そうか）」などである。

特に両書とも「**松嶋**」は「五大堂」「瑞岩園（寺）」「雄嶋」その前後から細かい名所紹介を行っているのは面白い。

これらの名所案内は和歌や連歌の世界でも定型があったのであろう。

しかし、当時はあまり知られていない東北の地を、旅すると出版するの違いはあっても芭蕉と西鶴が同一のテーマとしたのには何らかの理由があろう。

『奥の細道』という題名には諸説あるが、『奥の細道』の「仙台」から「多賀城」にかけての一文にもある、「**おくの細道**の山際に十符の菅あり」という歌枕から取られたというのが妥当であろう。

> 歌枕地名。松尾芭蕉の「おくのほそ道」によって知られているが本来は仙台市岩切の東光寺付近から多賀城市市川の多賀国府跡までの旧七北田（ななきた）川の流路に沿う道筋を指したもの。初見は筑紫の僧宗久が観応年間に巡遊した紀行文「都のつと」（宗久紀行）の中に「さて、みちの国たかのこふにもなりぬ、それより<u>おくのほそ道</u>といふかたを、南さまにすゑのまつ山へたつねゆきて」とあるもの。次いで文明年間の道興准后の紀行「廻国雑記」に「<u>奥の細道</u>、松本、もろをか、赤沼、西行帰などいふ所々を打ち過ぎて、松島に到りぬ」と見える。南北朝期からすでにこの名称が見えるのであるが、その道筋を確定することは困難である。ただ中世の奥州街道の呼び名が<u>奥の大道</u>であったところから、それとの関連で多賀国府周辺の小道がこの名で呼ばれ、主に国府近くの歌枕道の意味に用いられるようになったものであろう。その道筋が現在いわれている地点に特定されたのは江戸初期のことであって、<u>談林系の俳人大淀三千風とその門人グループの手になる</u>といわれている。（『角川日本地名大辞典』より。波線は森田）

そのことは、『一目玉鉾』でも同地域の地誌として、「**奥細路**（おくのほそち）、生巣原、轟橋岩切」として記載されていることからもわかる。

すなわち、西鶴は東北への道を「**奥細路**（おくのほそ）」として認識していることを示し、芭蕉は「（おくの）**奥の細道**」として認めていることを宣言しているのである。

それでは、それは何のために必要であったのか。それは、先の引用波線部

にある「談林系俳人大淀三千風」への配慮ではなかったかと考えている。さらに言えば、我が陣営への誘いであったとも言えるかもしれない。

　　大淀三千風（1639～1707）江戸時代前期の俳人。寛永16年生まれ。31歳のとき出家、松島におもむき仙台に15年間すんで俳諧（はいかい）に精進。延宝7年1日2800句（翌日200句を追加）を独吟し「仙台大矢数（おおやかず）」として刊行。のち西行ゆかりの相模（さがみ）（神奈川県）大磯の鴫立庵（しぎたつあん）を再興し、初代庵主となる。宝永4年1月8日死去。69歳。伊勢（いせ）（三重県）出身。本姓は三井。名は友翰（ゆうかん）。字（あざな）は部焉。別号に東往居士など。著作はほかに「日本行脚文集（あんぎゃぶんしゅう）」「松島眺望集」など。（『日本人名大辞典』より）

　大淀三千風は仙台を中心にして活躍していた談林俳人である。前述したように大坂談林の雄西鶴とは、大矢数の記録で争ったことがある。そのため、西鶴とは反目した仲のようにも伝えられている。しかし、実は認め合った仲ではなかったろうか。『一目玉鉾』を刊行した元禄二年の西鶴は、三都版の普及もあり、すでに浮世草子作家として全国的にその名を知られ、頂点を極めていた。あえて、新しい地誌を刊行して名を知らしめる必要などなかったはずである。大淀三千風の甥で俳人の「素英（そえい）」も尾花沢に住み、東北一帯。特に仙台から最上川水系一帯は、鈴木清風なども含め、談林俳諧圏であったと考えられる。西鶴は東北の地に行ったとすれば日本海沿岸部[3]であって、内陸部までは訪れていないであろう。このあたりの地誌としての情報は俳人大淀三千風とその門人グループから得たのではあるまいか。いずれにせよ、『松島眺望集』を書いている大淀三千風に情報を得たことは間違いない。西鶴と大淀三千風の密接な交流は四国でも行われた可能性があり[4]、今後も更なる精査を行えば、大淀三千風とその門人グループは根強い談林俳人として、東北に君臨していたと考えられる。その勢力図を蕉門に変

---

[3] 拙著『西鶴浮世草子の展開』（和泉書院　2006年刊）第一章「西鶴浮世草子の情報源－「米商人世之介」の側面からの一考察」
[4] 拙稿「『武道伝来記』と江島為信――西鶴からの伊予俳人への「挨拶」」『俳文学報　第48号』大阪俳文学研究会　2014.11刊

22　第1章　島国日本と異文化遭遇

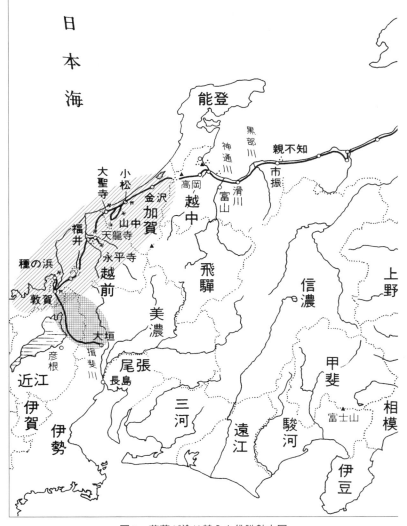

図3　芭蕉が塗り替えた俳諧勢力図

第1節　西鶴『一目玉鉾』と「海の道」　23

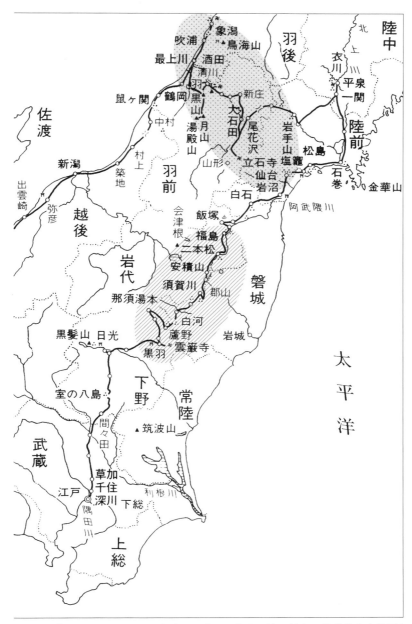

（出典）「『おくのほそ道』と地方談林俳諧——芭蕉が塗り替えた俳諧勢力文化圏」
『人文論究』第 63 巻 4 号　2014.3 刊をもとに作成。

えようとしたのが芭蕉の『奥の細道』の旅ではなかったろうか[5]）。

　かくして、『一目玉鉾』巻一は当時の東北地方談林俳壇との関係を示す、「奥細路」という陸路の地誌として特色を出しているといえるのである。

　本来、談林俳諧はそれまでの保守的な貞門俳諧と違い、清心自由な庶民の俳諧として急速に全国に広まった俳風で、式目（俳諧の連句ルール）も比較的緩かった。

　当然、先行古典文学の知識や教養も求められるレベルが低かった。もちろん、西鶴や三千風、尾花沢の清風など宗匠格は別格な教養と知識を有していたことは当然であるが、実業界に半生を捧げた商人・富裕農民・武家の旦那芸として、取り組みやすい文芸ジャンルであったといえる。彼らには、文芸性の高さより、連句の際の「付け合い」のような連想のイメージにおいての連衆共通の同業者の知識が必要だったのである。その文学基盤に必要だったのが、本来は流通経路であった「海の道」ではなかったろうか。

　いわば、島国ならではの「海の道」そこに内陸部から注ぎ込む「川の道」を利用する人々が新興の俳諧文化を形成したといって過言でない。東北内陸部で言えば、最上川、北上川等「川の民」であった。

　そうなると『一目玉鉾』は、談林俳諧を志す知識に必要な備忘録、俳諧作法書とも成り得たわけである。全国の俳人たちや風流人たちは、西鶴を己がじしの見知らぬ日本各地の俳枕の提供者として、西行や飯尾宗祇のような盟主に祀り上げていくことになるはずであった。だが、西鶴はこの書の版行後まもない元禄六年に他界してしまう。

　この現象に西鶴以外に興味をもった俳諧師がいたとすれば、それは俳諧を旦那芸から、寂・撓り・細み・軽みを重んじて芸術性の高いものとし、幽玄・閑寂の境地を求め、連句の付け合いに、移り・響き・匂い・位などの象徴的手法を用い、俳諧を真の詩文芸にまで発展させようとしていた芭蕉その人以外にはない。

　そこで芭蕉は、老骨にむち打って、東北に限らず広大な他者の俳諧勢力圏を蕉門に塗り替えるための起死回生の旅、すなわち「奥の細道」という長

5）拙稿「『おくのほそ道』と地方談林俳諧──芭蕉が塗り替えた俳諧勢力文化圏」『人文論究』第63巻4号　2014.3刊より転載。

大、壮大な旅を思い立ったのではなかろうか。その旅立ちは『一目玉鉾』刊行後の三月二十七日のことであったのである。

　芭蕉も西鶴に一年遅れた元禄七年に没するが、『奥の細道』刊行を待たずして、「奥の細道」で旅した地域は見事、蕉門に帰し、やがて全国が蕉門一色に塗り替えられたのである。

4　西鶴『一目玉鉾』と「海の道」

　『一目玉鉾』巻二は江戸より東海道を進んで大井川、続く巻三は東海道を金谷から大坂への地誌である。これはまさに東海道道中のハンドブックである。本来、これらを西鶴浮世草子や「海の道」と絡めて論じるべきである。

　西鶴浮世草子には「諸国話」形式の作品が多い。特に日本の諸国の珍譚奇譚話である『西鶴諸国ばなし』［貞享二（1685）年刊］や諸国の敵討ち話を集めた『武道伝来記』［貞享四（1687）年刊］などは諸国の地誌に明るくなくては書けない作品である。もちろん、『好色一代男』［天和二（1682）年刊］もそうである。この『好色一代男』の舞台を当時の日本地図に書き込む作業はすでになされているので参照いただきたい[6]。

　当時の人々は歩くしか交通手段が許されなかったわけではないが、流通に用いる北前船に代表される船旅を利用できるのは、一部の商人、武士などに限られていたので、仮に西鶴が単なる浮世草子作家では情報が集めにくかったはずである。船に俳諧活動を趣味としながらも、現役で働く商人が西鶴の情報源として乗り合わせていてこそ、詳細な正確なデータがもたらされたのである。いや、西鶴その人が「船」を日常茶飯事のように用いていた商人であったかもしれない。

　例えば、「**松前**」の場合、「松前志摩守殿城下」として、
　　上の国餌指（江差）といへる大所有、此島より出る名物、猟虎の皮、熊の皮、豹鹿膚、あざらし、鷹、おつとせい、鹿、三好こがね、とゞ、鯡（にしん）、干鮭、昆布、鶴、白鳥、雁。

6）『新編日本古典文学全集　井原西鶴集1』（小学館）より

26 第 1 章 島国日本と異文化遭遇

> 諸国の商売人爰に渡り、万上方のごとく繁昌の大港也。浦々の末々は昆布にて葺し軒端の人家も見えわたりぬ。是より島国へは番所ありて人の通ひ絶たり。

とある。「昆布」にて家屋根を葺いたとするのは、いかにもの誇張で、俳諧的とは言わないまでも諧謔とわかる。西鶴は『一目玉鉾』より先の『西鶴諸国ばなし』の序文に「松前に百間つづきの荒和布あり」とし、その巻三の六でも「松前に一里半続きたる昆布あり」とする一種の遊びである。当時、船で松前昆布が大坂などに二週間弱ほどで大量に届けられていたわけであるから、昆布に対する常識があった上での表現である。西鶴は松前が気に入って

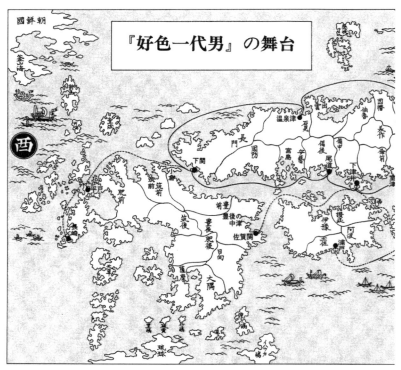

（出典）暉峻康隆・東明雅『新編　日本古典文学全集 66・井原西鶴集 (1)』小学館、1996 年、590 頁。

図 4

いたのであろう。『本朝二十不孝』〔五巻五冊。貞享三（1686）年刊〕、『武道伝来記』にも松前藩の武士の話を書いている。しかし、シャクシャイン蜂起〔寛文九（1669）年刊〕を取り締まった松前藩士と交渉があったという説もあるが不明である。むしろ、『一目玉鉾』が記す松前の繁栄は、松前に入り込んでいた近江商人たちによってもたらされたのではあるまいか。目の前の「津軽」は「夷の松前へ荒海十里也」と津軽海峡の厳しさを記し、「青森」は、

　此浦は舟着にて、津軽松前の荷物是より積也、諸国の廻船も此港まで通ふなれば、上がたを聞ならひ、言葉やさしく、女の姿も当世にちかし、

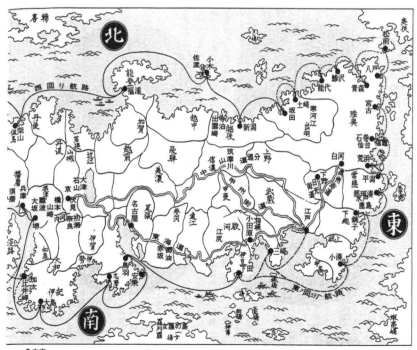

難波津の問屋に見えし蓮葉女といへる有、かれに万をうつすなり。
と記すなど、先述した『一目玉鉾』の本来の「道しるべ」をこえた情報になっている。これは「海の道」を知る西鶴の情報開示とも言える書き方である。

　さらに「安佐蟲」「錦塚」「盛岡」「釜石」「松嶋」「仙台」など太平洋岸、すなわち、寛文十一（1671）年に河村瑞賢によって開発された「東廻り航路」の道に従って紹介してゆく。

　逆に西鶴は『日本永代蔵』巻二の五で酒田の「鐙屋」の賑わう問屋現場を紹介し、『好色一代男』巻七の五でも世之介を米商人に仕立て[7]てまで、酒田の繁栄を描かれていることを思うと、なぜ、「東廻り航路」に先立ち開発された、「西廻り航路」（寛文年間）の有名な寄港地を紹介しないのか、疑問である。

　「西廻り航路」の順番で言えば、松前の次の寄港地は佐渡であってもいい。『武道伝来記』巻五の三は佐渡を舞台にしているし、『男色大鑑』［貞享四（1687）年刊］巻五の五や『本朝桜陰比事』［元禄二（1689）年刊］巻一の五も佐渡の話が登場する。『奥の細道』が山形より佐渡を右手に南下するが、『好色一代男』の世之介も新潟、山形の海浜を流離っている。西鶴はけっして、日本海側の地誌に暗かったわけではない。むしろ、詳しすぎる描写は多い。

　石川、福井、兵庫、鳥取、島根など西鶴浮世草子は確かな情報に基づいている。例えば、「西廻り航路」の開発に伴い、敦賀で消長する茶販売の商人の姿が『日本永代蔵』巻四の四に描かれているし、『日本永代蔵』巻二の二には、湖上流通が激減した大津の様子をあげている。

　これらは、「西廻り航路」開発によって、廃っていった中世から近世初期までの「敦賀→陸運→琵琶湖→淀川→大坂」のかつての「海の道」と商人たちの流通活動を熟知している西鶴ならではの手法であろう。

　談林俳諧に限らず、上方の俳諧の担い手たちは、この海運、湖運、川運に関わっていた者が多かった[8]。その人々も含めた上方の徐々なる衰退に西鶴

───────────
7）注2）に同じ。
8）拙稿「江戸時代における関西の海川交通と俳諧活動」2004 年 12 月 9 日　第 8 ↗

は気づいていたのであろう。この『一目玉鉾』の刊行された元禄期をピークとして、上方は文化の中心地を江戸へと奪われていくことになる。文化の担い手の交替はそのまま、俳壇自体も大坂談林から江戸蕉門へと移行していった。

　そうなると、そこには鈴木清風、大淀三千風とその門流ほどしかいない広大な東北の俳壇がある。この俳壇の攻防がここまで述べてきた『一目玉鉾』から『奥の細道』への移行につながったのであろう。

　しかし、西鶴はそのことをまだ定かな事実としては受け止めていない。そこで、当時の新しく利用され始めた「東廻り航路」への人々の好奇心に応えた形で『一目玉鉾』巻一を書いたのである。

　西鶴は『一目玉鉾』の構成として、巻二と巻三を江戸から始まり、大坂に着く旅としていることも注目できる。本来、古典の原型は『伊勢物語』に見る「東下り」である。京都から江戸である。西鶴自身の『好色一代男』でも世之介が京都の本店から江戸の支店へ下り、好色遍歴をするのである。

　ところが、『一目玉鉾』の元禄期になると、江戸を基点として上方へと上京する商人が、上方から江戸へと東下する商人を上回ってきたのではなかろうか。事実、『西鶴諸国ばなし』最終話でも、大坂から江戸へ下り一財産を作り、大阪の地に戻って楽隠居する商人に、正直の若者が教えを乞い、江戸で一旗あげようとするという構図となっている。それが、現実ではなかったか。西鶴の『一目玉鉾』の読者の想定は俳諧を嗜むような富裕な商人であった。巻二、巻三は彼らのために編まれたのである。

　しかし、大坂はまだまだ活況を呈していた。それは「西廻り航路」も含む、瀬戸内航路、西国米（九州）の取引である。『日本永代蔵』等には多くの大坂と九州を結ぶ商人たちの「海の道」を利用した流通活動が描かれている。本来、詳述すべきであるが紙幅の余裕がない、今までに報告した（『大阪日日新聞』水曜日連載「西鶴と海の道」2011.3～2013.2など）をまとめて上梓することを約束して結びとしたい。

　　　回 MKCRセミナー論文（文部科学省学術フロンティア推進事業「関西圏の人間文化についての総合的研究」）として、WEB論文公表「http : //mkcr.jp/archive/041209/041209.html」。

※本稿の『一目玉鉾』のテキストは、底本として関西学院大学所蔵本（元禄二年再版本）を用い、森田が翻刻した。その際、常用漢字を用い、句読点濁点送り仮名等を適宜補って使用している。また、（　）内語注は、基本的には『定本西鶴全集　第九巻』（中央公論社　1951刊）の暉峻康隆氏の訳注に従っているが、暉峻氏注記当時の国家名等を森田が現在に訂正している。また、歴史事項等は本文中に引用文献が記されていない事項は『国史大辞典』（吉川弘文館）を参考としている。

　なお、本稿は関西学院大学共同研究費に加えて、文部科学省科学研究費助成事業から、基盤研究（C）「地方談林俳諧文化圏の発展と消長〜西鶴の諸国話的方法との関係から〜」（平成二十四年〜平成二十八年度・課題番号：24520252）として助成を受けている。

第 2 章

アメリカ海洋世界と異文化遭遇

第1節
ニューベッドフォードとアメリカの捕鯨

田 中 き く 代
文学部文化歴史学科教授

は じ め に

　本章では、19世紀のマサチューセッツ州ニューベッドフォードを中心に、アメリカの捕鯨に射程をあててみたい。ニューベッドを訪れての、歴史スケッチであるが、捕鯨を介して海の歴史の重要さを、いくばかりかでも示すことができたらと思う。

　アメリカ合衆国の北東部のニューイングランドは、イギリス植民地が成立した17世紀の初頭から捕鯨を生活の一部としていたが、18世紀にはナンタケットを筆頭に多くの町が捕鯨で栄えた。しかし、アメリカの捕鯨が世界一になるのは19世紀の20年代以降のことで、それにはニューベッドフォードの台頭がある。ニューベッドフォードは、その後1925年に最後の捕鯨船が出るまで、ほぼ1世紀にわたって、世界の捕鯨の中心であり続けた。図1は1876年ごろのニューベッドフォード港を示しているが、その繁栄振りが窺える。

　さて、捕鯨とニューベッドフォードというと、1人のアメリカ文学者が想起されるのかもしれない。1841年1月3日、21歳の若者が、この港から359トンのアクシュネット号（square-riggedの捕鯨船）で出発し、その後2・3年に渡って数奇な海上生活を経験した。ハーマン・メルヴィルである。彼のこの捕鯨船での経験が10年後に『白鯨』を生み出したが、この作品の中で、

図1　1876年のニューベッドフォード港（国立公園局の展示より）

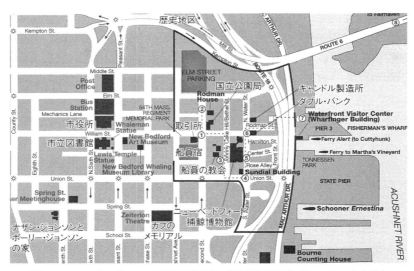

図2　ニューベッドフォードの歴史地区（国立公園局のパンフレットより）

彼が描いた捕鯨港のモデルがニューベッドフォードであったことはいうまでもない。国立公園局が作成した"Herman Melville's New Bedford"には捕鯨船出港記録があり、そこに彼の名前が記されている。今でも、彼の経験が作品の中に現れる教会や船員宿が残されていて、多くの観光客を呼んでいる。

図2は、現在のニューベッドフォードで、囲みは鯨による歴史を残そうと、歴史地区として特別に保存されている地域である。

また、私たち日本人の多くにとっても、ニューベッドフォードは、ジョン・万次郎によって、なじみのある町である。彼は捕鯨船ジョン・ハウランド号のウィリアム・H・ホイットフィールド船長に助けられ、船長の故郷ニューベッドフォード・フェアハーバン（ツイン・シティ）で英語や航海術を学び、ニューベッドフォードを母港とする捕鯨船で活躍した。万次郎の後も、維新後の日本から鯨漁の漁民がかなりこの町に渡来したといわれている。

加えて、私たちアメリカ史を学ぶものにとっても、ニューベッドフォードには、特別の思いがある。黒人指導者フレデリック・ダグラスが南部から逃れて、数年間居住した町で、奴隷制廃止運動の拠点であったからである［Foner］。奴隷を北部へ逃亡させる組織「地下鉄道」のひとつの重要なターミナルでもあり、彼ら彼女らを助けた人々の家が現在でも残されている。そうした家の一つである Nathan and Polly Johnson の家は、現在、歴史協会となっているが、ダグラスが過ごした家でもある。

本論では、この町の捕鯨業の繁栄と、奴隷制廃止運動を関係付ける「場」を見出すことで、海の歴史と陸の歴史をつなぎ合わせてみたいが、まずは、アメリカの捕鯨業の全体をながめることから始めたい。

1　アメリカの捕鯨史――ナンタケットからニューベッドフォードへ

コロンブスがアメリカ大陸に到達するかなり以前から、グリーンランドなど北大西洋の北の諸沿岸を通って、オランダ人をはじめ、ヨーロッパ諸国の漁師たちは、こぞってアメリカ大陸の北東部の魚場にやって来ていた。周知のことであるが、探検者カボットが1497年の探検で、大西洋の北西部は魚の宝庫で、今まで見たことがない大きさのサケやシタビラメ、ことにタラがうようよしていると述べている。陸の歴史にとって、コロンブスやカボットなど探検者たちのアメリカ大陸への到達は、ヨーロッパの輝かしい歴史的事実であっただろうが、この豊かな漁場の存在は、こうした探検者たちが大西洋に登場するずっと以前から、ヨーロッパ人の漁師たちが熟知していたこと

であった。塩漬け技術が進み、遠洋航海ができるようになった漁師たちは、大漁が可能な魚場を逃してはいなかったからである、

漁業、なかでも捕鯨は、ヨーロッパの漁師のみならず、アメリカ大陸の植民地人にとっても魅力的であった。ニューイングランド植民地のイギリス人たちは、半農半漁的な生活をしていたが、従来の歴史学はサケやタラなど、ヨーロッパへ食料として輸出した魚には注目してきた。豊富なそれらの存在は経済的に重要で、植民地の発展に大いに寄与したものであるからである。しかし、ごく最近まで捕鯨への関心はほとんどなかった。最近でこそ、ニューベッドフォードの捕鯨博物館をはじめ、ケンダル捕鯨博物館、ミスティック海洋博物館、ナンタケット歴史教会、エセックス・ピーボディ博物館など、大西洋の諸地域で、豊富な資料が収集されるようになったが、捕鯨の研究はまだまだ十分なものではない［Molly］。

まず、ここで、アメリカにおける捕鯨を、ジャン・P・プルールが指摘するように、時代を三段階に分けて検証して考えたい。1）1614–1712 年、2）1712–1761 年、3）1761–1860 年の三段階である［Proulx, 1986］。

1）第 1 段階　1614–1712　沿岸捕鯨

スパイスがヨーロッパの地理的拡大の牽引役を果たしたとされるが、17世紀の初めになると、オランダをはじめヨーロッパ諸国は、北大西洋では、スパイス以上に商業捕鯨に強い関心を持つようになった。ヨーロッパにおける捕鯨を振り返ると、近世の時代には、ビスケー湾やバスクの人々が、定期的に捕鯨をしていた。やがて彼らが捕鯨地域を拡げていくにつれ、その商業的利益を知った他地域の漁師たちも捕鯨に加わるようになった。たとえば、17世紀にはオランダがグリーンランド沖に進出している。やがて、捕鯨は、サケ・タラ漁と並んで、重商主義時代のヨーロッパ諸国の富の蓄積に寄与するものとなった。ドイツ北部やイングランドの港からも北海、バルト海とともに、北大西洋北西部のカナダ沖やニューイングランドにまで捕鯨船が進出するようになった。

17世紀の初めというと、今のアメリカ合衆国の北東部、すなわちニューイングランドやロングアイランドの海岸に恒久のイギリス植民地が形成され

始めた頃である。イギリス植民地の植民地人も捕鯨に関心を持っていたことはいうまでもない。ピルグリム・ファーザーズや、ヴァージニアのジョン・スミスが書き残したものにも、彼らの関心ぶりが窺える［Bradford；Smith］。ピルグリム・ファーザーズたちは、最初に到着したケープコットで、鯨油と骨に優れている大きな鯨が多いこと、それらが船の周りで遊泳していると記して、グリーンランドより可能性が大きいことも見出している。後のヴァージニア総督ジョン・スミス船長は、1614年の探検記録に、巧みにインディアンたちが多くの捕獲に成功しているので、しばし探検を中止して捕鯨に参加したと記している。

　初期の捕鯨は沖に出て行くのではなく、海岸に打ち上げられているものを捕獲することから始まった。ニューイングランド海岸では、鯨が頻繁に海岸に打ち上げられていたといわれる。巨大な鯨は、沿岸地域の共同体の人々にとって、「海の贈り物」であったらしい。植民地政府や各タウンは、捕獲した鯨を共同体の共有のものとして、それぞれの取り分を決めていた。鯨を見つけたり捕獲したりした者たちが、すべてを得られるのではなく、皆に分配した後の残りが彼らの取り分とされた。その割合は、地域によって違っていたが、すべてが捕獲した個人の取り分でなかったことは、共同体全体の協力なしには、捕鯨が成り立たなかったことを示している。植民地政府や各タウンは沿岸部の鯨を見張る役職を設置し、鯨が打ち上げられると共同体全体に知らせるようにしていたことからも理解される。もっとも、このように、重要な資源であった鯨であるが、当初は技術的に横たわった巨大な鯨を裏返すことができず、半身が残されることも多かったらしい。

2）第2段階　1712–1761　深海捕鯨の始まり、陸での搾油作業

　17世紀の最後の四半世紀になると、鯨の経済的な重要性が増し、沿岸で捕れる鯨が少なくなると、ナンタケットの人々やロングアイランドの人々は、次第に沖合に出て行くようになった。それにつれて、17世紀末には、比較的大きな船が使われるようになり、2週間ぐらいの航海も可能となった。やがて、船は次第に大型化し、18世紀の中頃には、航海も数カ月に亘るようになった。沖合に出て行くのに地理的に有利な位置にあったナンタケ

ットは、クェーカー教徒たちが多いこともあって元来自由な気質で知られるが、それは、大洋に出て行く捕鯨人の存在によっても説明される。春にカロライナ沖まで南下し、ハバマ諸島、西インド諸島を経て、アゾレス諸島、ケープ・ヴェルデに至り、アフリカへと到達している。その後、一時ナンタケットに戻ったあと、さらにはグランドバンクスまで北上して、秋の終わりにナンタケットに戻っている。図3は、アメリカの捕鯨ルートを示しているが、この北大西洋海域の部分には、ナンタケット人の捕鯨船が往来していたのである。

　捕鯨船の変化は、母船の大型化のみならず、捕獲ボートを積むようになったことにも表れている。深海に行くようになると、母船で鯨を追うのではなく、母船からくり出した数艘の捕獲ボートで鯨を追いかけ、取り囲み、モリを撃つ漁法が開発された。母船が鯨を追いつめるよりも能率的になり、より多くの鯨を捕獲できるようになった。捕獲された鯨の鯨脂は陸地で溶かし油状にするために、頻繁に母港に寄港せざるを得なかったが、大型化して大量に鯨脂を積めるようになると、捕獲した鯨を海上で解体し、数頭分の鯨脂を

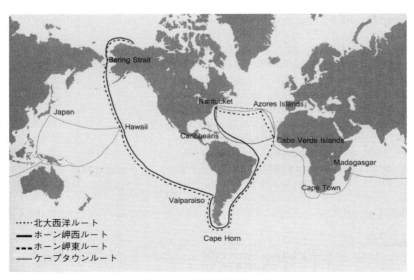

図3　アメリカの捕鯨ルート
（出典）Albano Cymbron and Macia Dutra, *The Whalers in Azores*（2013）, p.25.

集めてから寄航するようになった。これは、母港の産業をも変化させた。大量の鯨脂を油化し、精錬する技術が発展すると、キャンドルやその他加工品の製造が進展し、造船などの産業をも活発化させた。

　ところで、捕鯨の第二段階の始まりが1712年であるのは、それがザトウ鯨やセミ鯨に代わって、マッコウ鯨が捕鯨の対象となった年であるからである。1712年に、ナンタケットのクリストファ・ハッセイ船長が、嵐で偶然にマッコウ鯨を捕獲したことを契機に、マッコウ鯨の価値が知られるようになった。従来は小型で鯨油が少ないマッコウ鯨は捕鯨人の関心を引かなかったが、偶然によって、それが純度の高い軽い油を含有することが分ると、捕鯨を一変させた。さらに、加えて、マッコウ鯨には優れた副産物があった。円錐歯、竜涎香、鯨蝋である。ちなみに円錐歯は優れた象牙質のもので、芸術品として高価な奢侈品となった。竜涎香は高級香水として用いられ、ヨーロッパの王侯貴族が愛用した。鯨蝋は巨大化したマッコウ鯨の頭部にたまった体油で、とりわけ莫大な富をもたらした。それは通常1トンにもなり、油状であるが、空気に触れるとペースト状になり、2倍3倍の値で売れたという。機械の潤滑油としても優れていたが、その煙や臭いのない白いキャンドルは、輝きの美しさと透明さで、特にイギリスの豊かな人々に重用され、高値で売れる輸出品となった。

3）第3段階　1761–1860年　深海遠洋捕鯨　船内での煮沸による油の抽出

　七年戦争に突入し、イギリスの勢力が強まると、イギリス植民地のアメリカの捕鯨船は、カナダのセントローレンス湾にまで自由に入り込むことができるようになった。豊かなカナダ沖で捕鯨ができるようになると、寒いグリーンランド沖に行く必要もなくなった。このことは、アメリカの捕鯨船をより南方の地域、アフリカや南アメリカにまで航行させるようになった。19世紀の初めにはホーン岬を廻って太平洋にも進出し始め、やがては日本近海にまで上がってきている。クーパー船長などの記録はニューベッドフォード捕鯨博物館に保蔵されているが、それらにはナガス鯨との出会いが書かれている［Cooper Papers］。

　3年から4年と長期に亘る遠洋捕鯨が可能になったのには、重要な船での

技術的な変化がある。今まで、陸地で鯨脂を油状化していたのが、船のメインマストの後ろの置かれた釜で鯨脂を煮沸し、油を抽出することが可能になった。船上で液化され長期保存ができるようになると、図4のように樽詰めしてバラスト代わりに船底に貯蔵し、そこが満タンなるまで、何年も航海することが可能になったのである。

　こうした遠洋捕鯨によって、ニューイングランドの捕鯨、とくにナンタケットの繁栄は頂点にいたった。だが、1775年に始まる独立戦争は、繁栄の絶頂で捕鯨を一時的に停滞させることになった。捕鯨船はそのスピードとサイズによって、短距離の運行、奇襲に向いていて、戦争で有用されたからである。イギリスは、沿岸部や島嶼部の捕鯨船や捕鯨ボートを破壊するのに骨を折ったとされる。中立政策を取りイギリスとアメリカのどちら側にもつかなかったナンタケットですら、当初は両方から攻撃され多くの犠牲を出した［Proulx］。1783年には800世帯で、202人の寡婦がいたとされるほどである。また、鯨製品は、戦時の代替物の出現、イギリスの高関税政策によって痛手を被った。もっとも、世紀末になると、フランスとの貿易によって息を吹き返し、特に、ナンタケットの鯨涎油は、アメリカ国内でも、灯台に利用されるなど、重宝され、その繁栄振りは際立っていた。

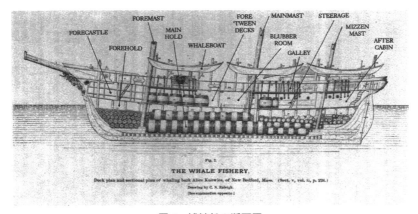

図4　捕鯨船の断面図
Whaling Bark Alice Knowles of New Bedford Mass（302.78 tons）
（出典）Margarets. Creighton, *Rits and Passages : The Experience of American Whaling, 1830–1870*（Cambridge University Press, 1955）, p.32.

しかし、やがて、第二次独立戦争で捕鯨船を失ったことにもよるが、ボストン近郊で産業革命が起こるようになると、ナンタケットは凋落し始め、捕鯨の主体はニューベッドに移っていくことになった（表1）。ことに、世界でアメリカの捕鯨が抜きんでた1820年から1880年のあいだは、世界の捕鯨の中心地はニューベッドフォードで、19世紀の中ごろには、それは「世界を照らす町」といわれるほどに繁栄した。

ナンタケットからニューベッドフォードへの移行には、ナンタケットが捕鯨の急成長を担うには、それが小島であり、しかも港湾が狭く、拡大のキャパシティがなかったことがある。また、鉄道へのアクセスも限られていた。それに対して、ニューベッドフォードは、地理的に有利で、ボストンに近いことは、産業に必要な物資の輸入にも、鯨産業の様々な製品を世界に向けて輸出するのにも容易であった。その繁栄は1857年には、ピークに達し、1200万ドルの資本を有し、329の捕鯨船によって、様々な国から1万人の船乗りを雇っていたという。1万人のうち、アゾレスやコープ・ヴェルデの船乗りたちが多くを占めていたとされるが、人種・民族的な多様性はきわめて高く、きわめて国際的な文化が生み出された。

なぜ、ニューベッドフォードに多様な人々が集まったのか。それは、捕鯨船の船乗りが多く集まったにとどまらない。捕鯨に関係するあらゆる分野、たとえば、精油業、造船業、蝋燭やロープの製造などの、すべての産業がこの町に集中していたので、国中から、それらの商人や職人が集まってきていたのである。

表1　転換期のナンタケットからニューベッドフォード（捕鯨船のトン数比較）
　　　（上位4港）

捕鯨港	船の数			総トン数
	3本マスト（バークなど）	2本マスト（ブリッグあるいはスクーナー）	合計	
ニューベッドフォード	169	8	177	56,118
ナンタケット	77	4	81	27,364
フェアヘイブン	43	1	44	13,274
ニューロンドン	30	9	39	11,447

（出典）Willian A. Fairburn, *Merchant Sail*（1947–1955）, p.1003 より作成。

ニューベッドフォードの鯨油は高性能の動力源としても、産業革命期のヨーロッパでもてはやされたが、前段階のナンタケット以上に、鯨油から作られたキャンドルは、白く輝く美しさと、臭いや煙のないことで重宝され、ヨーロッパやアメリカの広がりつつあった公共の場や娯楽の場、また一部には家庭用にも使われ、屋内や路上の照度を大きく変化させ、人々の日常を変化させた。また、歯、骨、鯨ひげも、プラスチックがなかった時代に、糸、糸車、コルセットなど、様々なものに加工された。

　さて、アメリカ捕鯨の世界的優位は、南北戦争までという見解から、プルールの第三段階は1860年で終っている。①石油の精製技術の進化、②南北戦争に捕鯨船の数の激減、③ゴールドラッシュによる労働力不足などによって、一般にアメリカの捕鯨はそれで衰退したかのように見られてきたからである。しかし、ニューベッドフォードの繁栄は、南北戦争によって一時的な停滞を見たものの、少なくとも1880年代までは世界的な優位を誇っていたし、その後20世紀初頭まで少しずつ右肩下がりになるとしても、その優位性は維持された。

　確かに、南北戦争では、独立戦争の時と同じく即戦力として活躍した捕鯨船は南軍に破壊され、その多くが失われ、多くの捕鯨の町が衰退を余儀なくされた。ニューベッドフォードも打撃を受けなかったわけではない。しかし、戦後、鯨油が石油に代替される時代が来ても、ニューベッドフォードの優位性が維持され続けたのには、二つの点が指摘できる。

　一つには、石油に比べて鯨油は数倍と高価ではあったが、ニューベッドフォードの鯨油は石油に勝る純度を持ち、耐熱・耐圧にすぐれていたので、北部の職布機械の潤滑油とし使われ続けた。また、鯨油の蝋燭はブランド品として、教会や公共の場にひときわ明るい灯を提供した。その他の、歯、骨、髭の加工品も、それに代替するものが現れるのはずっと後のことである。鯨は万能であったが、その鯨油の精製能力、加工技術こそが、ニューベッドフォードを他の町と異なるものにしていた。さらに、鯨産業の技術の蓄積と資本力が、他の分野の産業を興すのに役立ち、捕鯨を補完することができた。南北戦争後は、綿織物工業が興され、世紀末にはガラス工業も進展し、産業の多様化によって捕鯨業を支援し続けたのである。

二つには、南北戦争の頃には、太平洋のナガス鯨が少なくなり、捕鯨の将来は未知数となっていたが、操業拠点を北極海へ移し、鯨油の多い巨大な北極鯨を捕ることで繁栄を維持したことがある。1848年、スーペリア号のトーマス・ウェルコム船長が北太平洋を巡航していて、北極鯨の大群に遭遇したことが契機となった。その後ニューヘッドの捕鯨船は北太平洋を上って、厳しい環境にもかかわらず、ベーリング海を横切り、エスキモーたちの支援を得て、北極海の氷の世界に分け入るようになった［Fairburn］。
　北極鯨の巨大な姿態が示すように、脂肪の量は、マッコウ鯨25、セミ鯨60に対して、150である。また、先に述べた、女性用のコルセットや、その他で多面的に使われた鯨髭は北極鯨によってもたらされた。北極への関心は、ハワイと共に中継地であったサンフランシスコを、捕鯨のもうひとつの中心地に変貌させるほどであった。サンフランシスコは、ホーン岬を通って太平洋に入り北極圏に向かう捕鯨船の基地ともなったが、それ以上に最短で北極へ向かうことができる別のルートにも適していたからである。パナマ運河が利用できる以前には、国内を陸路で横切って太平洋岸に達し、そこで捕鯨船に乗って北極に向かうルートが重用され、サンフランシスコはその最適の拠点地であったのである。

2　捕鯨船に乗った逃亡奴隷たちと奴隷制廃止運動

　捕鯨船は、過酷な労働の場である。捕鯨ボートで巨大な鯨を追うことは、危険がつきものであるし、命を落とすことも少なくなった。何時間も、時には何日も、鯨を追い続ける労力は並大抵のものではない［Cymbron］。捕獲は心底から体力を消耗させたが、鯨を捕獲してからの方が過酷であったかもしれない。鯨を引いて母船に横付けると、解体作業が待っていた。大きなナイフで、良質の油のある頭部や、尾の部分を切り取って、その間の肉をスライスする船上での作業には、海に落とされがちな危険もあって、たやすいものではなかった。巨大な鯨はそう簡単に切断できるものでもなく、パンのように薄く切ることは至難の業であった。それから、鯨脂を取り出し油状にするために、図5のようにメインマストの後ろに据えられた窯で煮沸する作業

図5 船上の窯
(出典) William M. Davis, *Mrod of the Sea ; Or, The American Whalemen* (New York, 1874)

があったが、そこに漂う強烈な臭いは、目や鼻を通して、脳を麻痺させるほどであった。

　このように過酷で危険な捕鯨船に、なぜ多くの者が乗船したのか。図6のような、当時のリクルート広告が語るように［Creighton］、未知の世界を見たいという冒険心もあったであろうが、経済的な側面や、共同作業が必要な船上では差別が比較的少なかったことが語られてきた。ここでは、まず、船上の空間を垣間見て、船員の境遇を通して、そこでの黒人の存在を考えてみたい。

第1節 ニューベッドフォードとアメリカの捕鯨　45

図6　リクルート広告

（出典）Margaret S. Creighton, *Rites and Passages The Expenence of American Whaling, 1830–1870*（Cambridge University, 1955）, p.53.

1）捕鯨船の水夫たち

　さて、捕鯨船には、船の大きさによるが、30人から40人が乗り込んでいたといわれる。一般に捕鯨ボートにはモリ打ちや水夫が6人ずつ乗ったので、乗船数は捕鯨ボートの数にも左右された。いずれにしろ、小さな船という空間に大勢が乗船していたので、船のヒエラルキーは厳密であった。船長の下に副船長、その下に数人の上級船員、そしてその下にモリ打ちたちがいる。さらにその下には、大工、配管工、鍛冶屋、料理人がおり、その下に一般の水夫などの船乗りがいた。手当ては、給料ではなく、最終的な収益で決まり、割り当てはレベルごとで定まっていた。これが、途上での逃亡を少なくしているし、捕鯨のモチベーションを高め、収益を増やそうとしたとも言われている。その他、乗り組員の手当としては乗船時に一時金として支度金が払われている。それは船での必要品の購入や、残される家族のために使われた。

図7　ニューベッドフォードと鯨油樽
（出典）Albano Cymbron and Macia Dutra, *The Whalers in Azores*（2013），p.10.

　船乗りの収入が最終的な利益で決まるということは、危険度を省みるとき、それが労働に見合うものかどうかの判断は難しいものの、それでも多くの船乗りが捕鯨船に乗ったことだけは事実である。賃金に関しては、1830年代のある数値が示されている［Proulx］。一般の水夫の場合、衣食住以外では一日20セントであったという。これは当時の一般の労働者が一日90セントで、食費や宿泊費を除いても55セントはあったという状況からいえば、かなり低い数値であると記されている。

　この賃金の安さが、船乗りの外国人比率を比較的高くしたことも事実である。表2は、外国人の国籍までは示されていないが、かなりの割合の外国人が船乗りになっていることが分る。こうした外国人の多さには、産業の急速な発展が労働力を要したことにもよるが、アメリカ人が賃金の安い捕鯨を嫌がる傾向もあった。

　捕鯨船のみならず、ニューベッドフォードとその周辺社会も、1800年ごろから移民人口が増え始めている。ニューベッドフォードは、会社植民地として成立したイギリス植民地であったこともあり、イギリス出身のピューリタンが多かったが、ナンタケットのクェーカー教徒との捕鯨ネットワークに

表2 船乗りの出身地

	数	比率
1832		
ニューイングランド沿岸部	80	50
ニューイングランド内陸部	33	21
ニューイングランド以外の米国	31	19
ヨーロッパ	8	5
その他の地域	5	3
不明	4	2
合計	161	100
1837		
ニューイングランド沿岸部	384	46
ニューイングランド内陸部	87	10
ニューイングランド以外の米国	265	32
ヨーロッパ	33	4
その他の地域	17	2
不明	51	6
合計	837	100
1853		
ニューイングランド沿岸部	1061	30
ニューイングランド内陸部	236	6
ニューイングランド以外の米国	1245	35
ヨーロッパ	64	2
その他の地域	36	1
不明	932	26
合計	3574	100
1858		
ニューイングランド沿岸部	911	37
ニューイングランド内陸部	161	6
ニューイングランド以外の米国	593	24
ヨーロッパ	20	1
その他の地域	6	—
不明	784	32
合計	2475	100
1863		
ニューイングランド沿岸部	575	39
ニューイングランド内陸部	88	6
ニューイングランド以外の米国	411	28
ヨーロッパ	17	1
その他の地域	4	—
不明	390	26
合計	1485	100

1868		
ニューイングランド沿岸部	646	40
ニューイングランド内陸部	23	1
ニューイングランド以外の米国	246	15
ヨーロッパ	353	21
その他の地域	226	14
不明	154	9
合計	1648	100
1873		
ニューイングランド沿岸部	143	26
ニューイングランド内陸部	7	1
ニューイングランド以外の米国	76	14
ヨーロッパ	123	22
その他の地域	147	27
不明	55	10
合計	551	100

（出典）Margaret S. Creighton, *Rites & Passages : The Experience of American Whaling, 1830–1870*（Cambridge University Press, 1995), p.217.

よって、当初からクェーカー教徒が多く、彼ら彼女らが指導的な位置を占めていた。しかし、1800年ごろになると、捕鯨の発展はプロテスタント以外の人々もニューベッドフォードに引き寄せた。アメリカ合衆国にアイルランド移民が増える19世紀前半には、多くのアイルランド人がニューベッドフォードにも移り住んでいる。また、ポルトガルとその族領であるアゾレス諸島、カーボベルデ諸島、マデイラ諸島からも人々が来るようになり、19世紀後半にはポルトガル系のセントジョン・アンド・バプテストが設立されたほどである。さらに同じ頃、フランス系カナダ人を主とするフランス系の人々もニューベッドフォードに地盤を築くようになっている。

外国から来た者のなかには、他国の植民地からのインディオや黒人の人たちもいたが、元来ニューイングランドの捕鯨は、先住民や黒人の比率が高い産業であった。そもそも、植民地時代の捕鯨は、先住民に習ったところから始まった。当初の沿岸部に打ち上げられた鯨を捕る方法、沿岸部で狭い河川など隘路に引き入れる方法、小船で追跡し槍を打ちこむ方法などは、植民地人が来る前から先住民が行っていたものだった。実際、「インディアンたち」は、海に出るようになっても、沖合で勇猛に鯨と闘い、陸地での作業でも植

民地人を助けたとされる。植民地人が、技術に優れた先住民を有用したという話は多い。

　海の世界では、人種を超えた交流が前提とされていたといえるが、白人が2シリングに対して、「インディアン」には3シリング払われたという事例もある［Fairburn］。もっとも、彼らへの報酬は、金銭では一定以下に定められ、それ以上は捕獲コートなど必需品の給付や、鯨の一部が分けられたりすることが多かった。一例であるが、「インディアン」を有用するものの、植民地人と区別する取り決めもあった。先住民側の要求でもあったのだろうが、捕鯨に「インディアン」を雇うものは、捕獲した鯨一頭あたり、彼らに捕鯨用の上着を支給する以上に与えるべきでないし、鯨を殺戮したものとその仲間には、鯨油の半分を与えるが、鯨骨は与えてはならないとある。

　ニューイングランドからロングアイランドの地域にいたワンパノアグ族は、ナンタケットやマーサス・ヴィンヤードなど島嶼部も含み、その人口が約12,000人になる大部族であった。植民地人が捕鯨を学んだのは、このワンパノアグ族である。ニューベッドフォードとその周辺地域が、プリマス植民地に属するようになるのは1652年のことで、私有財産という観念が無かったワンパノアグ族は土地の使用権を認めただけに過ぎないだろうが、その年にワンパノアグ族酋長マサソイトからプリマス植民地の開拓者たちに売却されたとある。ナンタケットから移り住んだ多くのクェーカー教徒は先住民に友好的であったろうが、その後、ワンパノアグ族は、戦闘、譲渡あるいは交換によって「清掃」されていったのか、盛時のニューベッドフォードに、「インディアン」の姿はない。

2）捕鯨船に乗った黒人

　ニューイングランドにおける、海に関する産業は、20世紀への転換期まででいえば、相対的に、黒人の雇用が多い産業である。黒人の中には資産を蓄えた者もいる。ことに、独立戦争から南北戦争までのあいだは、どの産業よりも黒人を雇用している。ケンダル捕鯨博物館の調査によるように、ニューイングランドでは、船に乗り組んだ黒人の比率が他を圧倒している。1796年以降、アメリカの船乗りは、Seaman's Protection Certificate を携行するこ

とが義務付づけられたが、この税関で収集された証明書が、出生地、水夫の身体的特徴を示している。これらは、市民権を持つものだけに限られているが、マサチューセッツやニューヨーク州では、補完として黒人用に別の様式が作られている。これらの他にも黒人の状況を示すものに、センサスデータや市の記録もある。これらによって、この地域の船の圧倒的な数の多さとともに、それに雇われるのみならず、その船に投資したり、所有者だったりした黒人がいたことが判明している。

　なかでも、捕鯨がその中心であったが、植民地時代の例示としては、ボストン大虐殺に参加した逃亡奴隷クリスプス・アタックスはナンタケットの船に乗った水夫であった。グリーンが述べるように、捕鯨船の半分以上が黒人であったという指摘もある［Greene］。その事例だけでの一般化は難しいだろうが、多くの船に黒人水夫が乗っていたことは事実であろう。また、表3のようにクレイトンはニューベッドフォードを出港した船の黒人比率を算出している。

　黒人の企業家としては、ポール・カフが上げられる。ニューベッドフォード捕鯨博物館の研究図書館には、多くの捕鯨船の船長の記録があり、インターネットで見られるようになっている。カフについても、こうした史料で比較的容易にわかるようになっているが［Alexander］、彼は、1759年の生まれで、黒人の奴隷の父とゲイヘッド族の母の子である。16歳の時に初めて捕鯨船に乗り、独立戦争の時には西インドへの交易に従事し、イギリスの捕虜になった経験を持つ。戦後は、ブリッグ船トラヴェラー号の船主となり、その他のスクーナー船などパートナーシップの船の船主になっている。彼の巨額の富は、彼の航海術の才能にあるといわれるが、おしみなく地域の者に人種を超えて航海術を教えたとされる。彼は法を犯さなければ、利益の得られることは何でもしたが、強い酒や奴隷を商うことはなかったという逸話もある。

　彼の巨万の富を引き継いだ、息子たち、義理の息子たちも、捕鯨に従事し、海洋に投資し、その富を増大させて、いわばCuff Dynastyを築いた。こうしたカフ家の捕鯨船には、黒人が多く乗船していたことはいうまでもないが、多くのヤンキーの捕鯨船にも黒人が乗っていたし、上級船員としても

表3 船乗りの出身地（ニューベッドフォードの船乗りの人種別総数）(1818–1878年)

	人数	平均年齢
1818		
黒人水夫	66	28
白人水夫	156	23
船員	13	31
合計	235	
1828		
黒人水夫	60	26
白人水夫	483	22
船員	31	28
合計	574	
1838		
黒人水夫	23	26
白人水夫	228	22
船員	13	28
合計	264	
1848		
黒人水夫	17	29
白人水夫	263	22
船員	13	30
合計	293	
1858, 1868		
データなし		
1878		
黒人水夫	188	24
白人水夫	216	25
船員	19	35
合計	423	
1888		
黒人水夫	37	25
白人水夫	65	26
船員	3	40
合計	105	

（出典）Margaret S. Creighton, *Rites & Passages : The Experience of American Whaling, 1830–1870*（Cambridge University Press, 1995), p.214.

乗っていた例さえある。1821年にナンタケットの捕鯨船ジョン・アダムズ号のピーター・グリーンは黒人で、副船長として乗船していたが、船長が途上で急死したので彼が船長となったという。プツニィは、1803年から1860

年までで、105 の航海で、水夫の他に料理人、鍛冶屋、鉛管工などの 110 の職に 80 人の黒人が従事していたという数値をはじき出している［Putney］。また、Protection Papers の分析によって、1809 年から 1865 年までで、ニューベッドフォードで 3189 人のアメリカ生まれの黒人が船に乗ったことも割り出している。また、そのうち 643 名が 2 回以上の航海に出ている。ジェームズ・D・スコットの場合は 11 回もニューベッドフォードから船出している。

3）逃亡奴隷と「地下鉄道」のターミナル

　黒人の存在を例示してきたが、船上で黒人差別はなかったわけではない。人間関係が緊密な閉ざされた船という空間では、偏見も大きかっただろう。しかし、能力によって尊重される船という存在は、ニューベッドフォードでの奴隷制廃止の機運を高める面があったことも事実であろう。少なくとも捕鯨船に乗った逃亡奴隷の存在は、この町の人種を超えようとする努力の一面を語りうる。

　北部への逃亡奴隷にとって、人身自由法という後ろ盾はあったが、逃亡奴隷法による奴隷狩りの魔の手から逃げるには、数年に亘る捕鯨船は好都合の場であった。また、運が向けば、下船時にまとまった資金ができることも期待できたが、そもそも彼らはどのように南部のプランテーションから逃亡できたのか。

　こうした逃亡奴隷に関しては、クェーカー教徒を中心に一般の奴隷制廃止論者が全国的に広げた「地下鉄道」ネットワークがあるが［Siebert；Still］、ニューベッドフォードはその最終地ターミナルとしても知られている。国立公園局が作成した"Underground Railroad : New Bedford"は、逃亡奴隷サミュエルの話から始まっている。彼はトーマス・ベインと改名し、1855 年の夏に、ヴァージニアのノーフォークからニューベッドフォードを目指して逃亡してきた黒人であるが、ニューベッドフォードに着いてみると、すでに逃亡してきていた同郷の仲間に迎えられたという。捕鯨商人チャールズ・W・モーガンによると、逃亡奴隷のもっとも大きなアサイラムであったし、ジョージ・ティーモーが述べるように、ニューベッドフォードは磁

石のように私たちを惹き付ける町であった。そして、1840年代の中頃から1860年までに、それぞれ300人から700人の逃亡奴隷が居住していたという。この町の公的な人口統計によると、黒人は1000人ぐらいであったので、逃亡奴隷数が極めて多いことが理解される。

また、上記の"Underground Railroad"は、ニューベッドフォードの魅力は4点あるとしている。①捕鯨、②沿岸輸送、③自由な風土、④黒人人口に関しての4点である。第1の捕鯨に関しては、すでに述べたように、マサチューセッツ州の大産業として急成長する捕鯨業は、1850年代には、いつも新たな労働者を求めていたからである。第2の沿岸輸送という点では、南部の沿岸地域や西インドに、鯨油、鯨骨、りんご、帽子、靴その他の製品を輸送し、南部からは綿花、小麦、米、肉類、造船の材料などを運んで帰ってくるシステムが作られていたことが、船員たちの努力によって逃亡奴隷の移動を促したのである。フレデリック・ダグラスのように、陸路と海路でやってきたものもいるが、海路だけでやって来たものも多かったのである。

第3の自由な風土という点では、チャールズ・サムナー上院議員が、"liberal spirit"と名づけたこの町の風土は、クェーカー教徒を抜きにしては語れない。この町の政治や経済を指導していたのは彼ら彼女らであり、あらゆる差別や圧政に反対した。こうしたクェーカー教徒や、かつてクェーカー教徒であったユニテリアン派の人々は、奴隷制廃止運動にも指導的役割を果たした。ユニテリアン派といえば、万次郎が会衆派の教会では受け入れないで「黒人席」に座れといわれたが、ユニテリアン派教会では全面的に歓迎されたという逸話もある。

関連するが、第4の黒人コミュニティの存在も大きい。1850年の黒人人口は全人口の6.3パーセントであり、当時のボストンやニューヨークなど東部の都市では大きな数字である。しかも、他の都市では、その後の5年間に逃亡奴隷法のために、カナダへ逃れる黒人が後を絶たなかったのに対し、ニューベッドフォードに新たに逃れてきた逃亡奴隷の増加のために、黒人人口比率が1.2パーセント増大し、7.5パーセントにもなっている。

現在「地下鉄道」の史跡も、保存されており、町中に当時の写真と共に掲示がなされている。港近くの宿、特に黒人経営の宿などが庇護しているが、

例えば、ウィリアム・P・パウエルは、黒人の水夫と一緒に来た逃亡奴隷をかくまっている。また、ウィリアム・ブッシュは、先のジョージ・ティーモーをかくまい、仕事の世話もした。さらに、1863年の戦いでの奮闘で知られる黒人兵カーネイ・パネルも逃亡奴隷であるが、家族の逃亡を助けたり、自由を買い取ったりした経験がある。ルイ・スノウは商人であるが、カーネイの妻を助けているし、他の奴隷を、船でサツマイモのたるに隠してニューベッドフォードにつれてきたりしている。ジョセフ・リケットソンはニューポートまで出向き、ニューベッドフォードへフレデリック・ダグラスを連れてきた。最も優れた活動家で指導者として知られるジョンソン夫妻は、自由黒人の会などで、全国的なネットワーク作りをしているし、日常では七番街の黄色い自宅に逃亡奴隷を居住させたりしていた。先述のフレデリック・ダグラスが滞在したところである。

その他の、地下鉄道の史跡をあげると、リバティー・ホールがある。これは会衆派の教会から改修されたもので、一階が店舗スペースで、二階が講演ホールである。ここではギャリソンやダグラスを初め、多くの著名なアボリッショニストが講演している。近くには黒人の商店などが立ち並んでいたが、マサチューセッツ第54大隊、55大隊で知られる、黒人部隊のリクルートの場所も近くにあった［Cox］。この黒人部隊に、カーニィのみならず多くの逃亡奴隷が志願したことはいうまでもない。

地下鉄道には、南部へ分け入る「車掌」役が重視されることが多い。しかし、ニューベッドフォードを見るとき、途上や終着地で援助した「駅」や「駅長」の果たした役割が大きく、多岐に亘っていることが分る。海を介したこうした一般の男女の広範な支援活動にこそ、奴隷制廃止運動を支えたリバティー・スピリットの魂が見える。

お わ り に

一つの海洋研究の歴史スケッチとして、捕鯨と逃亡奴隷を中心にニューベッドフォードの歴史を概観してきたが、歴史研究としては、ある特定の人物とかに焦点を絞って研究を重ねなければならない。そうした研究の史料は、

大西洋岸の諸研究機関に納められている。ことに、ニューベッドフォード捕鯨博物館の研究図書館には、多くの捕鯨船の船長の記録があり、先にも述べたように船長たちの log books はインターネットで見られるようになっている。その他のニューベッドフォードに関する多くの史料もここに集中されつつあるが、歴史教会や中央博物館に所蔵されているものも多い。ダグラスが過ごしたジョンソンの家には、奴隷制廃止運動に従事した者の史料が多く残されている。

また、最近の捕鯨史では、捕鯨人の妻に焦点が当てられることが多い［Cordingly；Creighton］。ジェンダー史の進展の成果でもあろう。従来は、過酷な捕鯨人は若い独身が多いと考えられ、彼らの家族にほとんど焦点が当てられていなかった。最近、捕鯨をしている夫が家を離れている間、家を守る女性の研究が進められている。彼女らは宿屋を経営したり、蝋燭作りなどの産業に従事したりしたが、捕鯨船に乗る船員の世話なども仕事として注目されている。「地下鉄道」にしても女性の役割は大きい。捕鯨人の妻については、彼女たちが残した膨大な手紙が残されていて、貴重な史料となっている。

参考文献
Alexander, W. (ed.), *Memoir of Paul Cuffee : A Man of Colohr to which is Subjoined the Epistle of the Society of Sierra Leone*（London, 1811）
Ashley, Clifford W., *The Yankee Whaler*（Boston, 1926）
Bradford, Cooper Papers Smith
Busch, Briton Cooper, "Cape Verdeans in the American Whaling and Sealing Industry, 1850–1900," *The American Neptune,* 45-3（1985）, 104–116
Church, Albert Cook, *Whale Ships and Whaling*（New York, 1938）
Cordingly, David, *Seafaring Women : Adventures of Pirate Queens, Female Stowaways, and Sailors' Wives*（2002）
Cox, Clinton. *Undying Glory : The Story of the Massachusetts 54th Regiment*（2007）
Creighton, *Rites and Passages : The Experience of American Whaling, 1830–1870*（Cambridge University Press, 1995）
Cymbron, Albano and Macia Dutra, *The Whalers in the Azores : From Hunt to Tourism*（2013）
Dolin, Eric Jay, *Leviathan : The History of Whaling in America*（New York, 2008）
Druett, Joan, *Hen Frigates : Passion and Peril, Nineteenth-Century Women at Sea*（1999）

Fairburn, William A., *Merchant Sail*, vol.2（Fairburn Marine Educational Foundation, Inc., 1947-55）

Foner, Phillip S., *Frederick Douglass*（New York, 1964）

Greene, Lorenzo Johnson, *The Negro in Colonial New England, 1620-1776*（Columbia University Press, 1942）

Malloy, Mary, *African Americans in the Maritime Trades : A Guide to Resources in New England*（Kendall Whaling Museum Monograph Series No.6）,（MA, 1990）

Morison, Samuel Eliot, *The Maritime History of Massachusetts*（Boston, 1921）

Murphy, Angela F., *The Jerry Rescue : The Fugitive Slave Law, Northern Rights, and the American Sectional Crisis*（Oxford University Press, 2015）

National Park Service, U.S. Department of the Interior, "New Bedford Whaling," "The Underground Railroad : New Bedford," and "Herman Melvil's New Bedford,"（Mass, 2014.）

Norling, Lisa, *Captain Ahab Had a Wife : New England Women and the Whalefishery, 1720-1870*（Gender and American Culture）（University of North Carolina Press, 2000）

Proulx, Jean-Pierre, *Whaling in the North Atlantic : From Earliest Times to the Mid-19th Century*（Quebec, 1986）

Putney, Martha S., *Black Sailors : Afro-American Merchant Seamen and Whalemen Prior to the Civil War*（New York, 1987）

Rediker, Marcus, *Between the Devil and the Deep Blue Sea : Merchant Seamen, Pirates, and the Anglo-American Maritime World, 1700-1750*（Cambridge University Press, NY, 1987）

Shoemaker, Nancy, *Living with Whales : Documents and Oral Histories of Native New England Whaling History*（University of Massachusetts Press, 2014）

Siebert, Wilbur H., *The Underground Railroad from Slavery to Freedom*（Kindle, 2014）

Smith, John

Still, William and Ian Finseth（eds.）, *The Underground Railroad : Authentic Narratives and First-Hand Accounts*（Kindel, 2012）

Starbuck, Alexander, *History of the American Whale-fishery from its Earliest Inception to the Year 1876,* vol.1（New York, 1964）

森田勝昭『鯨と捕鯨の文化史』（名古屋大学出版会）

第2節

ターザン、南海へ行く
——エキゾチック・ハリウッドの政治学——

塚 田 幸 光

法学部教授

　　　　　　　ロマン主義者たちが海を発見したわけではない。一
　　　　　　八世紀が終盤にさしかかるはるかまえ、すでに大洋の
　　　　　　岸辺は瞑想と悦楽をはぐくむ場所に変貌していた。砂
　　　　　　丘によじ登っては見晴らしを探し求める。断崖の頂き
　　　　　　を歩きまわる。時化の見せる崇高な光景に酔いしれて
　　　　　　みる。

　　　　　　　　　　　　　　　　　アラン・コルバン『浜辺の誕生』

1　南海の孤島とハリウッド冒険譚

　陽光にきらめく南太平洋の水面。サンフランシスコに向け、父アーサー（ウィリアム・ダニエルズ）と息子リチャード、従妹エメラインを乗せた帆船が走る。だが、火事により船は沈没、濃霧が発生し、子供たちは父と離ればなれに。リチャードとエメライン、料理夫のパディは、とある島に漂着し、救助を待つことになる。南海の孤島と自給自足の生活。パディは生きる知恵を教え、子供たちはやがて逞しい青年と快活な美女に成長する。ランダル・クレイザー監督『青い珊瑚礁』（*The Blue Lagoon*, 1980)、前半の要旨だ。

　南海の冒険譚とは、ハリウッドが再生産する冒険アクションのステロタイプであり、一種のテーマパーク体験に等しい。主人公に同一化した観客は、

物語の継起性に身を任せ、架空の世界へと没入するからだ（「観客－カメラ－主人公」という視線のリレーを想起しよう）。加藤幹郎は次のように述べる－「一般に映画の主人公は、理想的な観客を乗せて物語世界を航行するテーマパークの乗り物のようなものである」（加藤『映画とは何か』23）。主人公／乗り物(ライド)は、観客を乗せ、物語に誘う。さあ、未知なる世界にようこそ、というように。ジャングル、絶海の孤島、自給自足のサバイバル、そして原住民の恐怖。冒険映画、とりわけ孤島やジャングルの冒険譚とは、その意味において理想的なアトラクションと言えるだろう。『青い珊瑚礁』やハリー・フック監督『蠅の王』（*Lord of the Flies*, 1990）、アイヴァン・ライトマン監督『6 デイツ／7 ナイツ』（*Six Days Seven Nights*, 1998）、ロバート・ゼメキス監督『キャスト・アウェイ』（*Cast Away*, 2000）、ダニー・ボイル監督『ザ・ビーチ』（*The Beach*, 2000）そしてテレビドラマ『LOST』（*LOST*, 2004〜2010）など、観客は主人公の視座から、南海の孤島で繰り広げられる冒険をスクリーン越しに体験するからだ。例えば、『青い珊瑚礁』のリチャード（クリストファー・アトキンズ）や『LOST』のジャック（マシュー・フォックス）という「乗り物(ライド)」が見せるのは、南海やジャングルのエキゾチックな風景であり、「安全」な異文化だろう。時折挿入されるスリル溢れる映像も、括弧つきの恐怖に過ぎない（視点人物である主人公が死ぬことはないからだ）。そしてその風景とは、スクリーンにエキゾチシズムを付与する背景であり、物語の根幹とは無関係である（そこがフィジー、タヒチ、ハワイであれ差異はない）。こうして、主人公の視座と価値観を共有する観客は、「安全」な異文化の興奮に身を委ね、刹那のスリルを体験できるのだ。

　だが、例えば『青い珊瑚礁』を見るとき、我々観客はある既視感を抱くだろう。リチャードとエメライン（ブルック・シールズ）という白い「身体」。それはハリウッド映画に象徴される人種表象のリミットであり、半世紀前のターザンとジェーンのジャングル・ラブロマンスの反復ではないのか。「ターザン」表象と冒険譚とは、ラブロマンスとサバイバルのステロタイプであり、同時に人種／民族差別と植民地主義的政治学を映し出す。ターザンからリチャード（『青い珊瑚礁』）、そしてもう一人のリチャード（レオ

ナルド・ディカプリオ）（『ザ・ビーチ』）へ。『青い珊瑚礁』が「ターザン」の主題を包摂し、『ザ・ビーチ』に接続されるとき、そこには如何なる性／政治学が生起するのだろうか。『ザ・ビーチ』の原作者アレックス・ガーランドが述べているように、第三世界のリゾートは「巨大なテーマパーク」（Gluckman 19–20）であり、欧米人のエキゾチシズムが照射されるスクリーンである。だとすれば、南海・ジャングル冒険譚には、「異国」を消費する欲望が隠蔽／開示されているはずだ。

　本稿では、「ターザン」の系譜を辿り、ハリウッド映画における南海表象の複層性を考察する。ハリウッドが描く「楽園」の系譜を辿り、その仮面の下にある消費文化のユートピア／ディストピアを見ようと思う。「南海の孤島」とは何か、或いはそのトポスに代理／表象される政治学とは何か。「楽園」のダークサイドを考察する。

2　「安全」なジャングル・クルーズ——ターザンと「プール」

　熱帯リゾートの原風景とは何処にあるのだろうか。それは西海岸の炎暑の街ハリウッドから始まる。1909 年、ウィリアム・N・シーリグが最初のスタジオを作ったとき、その理由はほかならぬカリフォルニアの陽光にあった。好天は映画撮影の効率化や経費削減に不可欠であり、乾燥地帯特有の気候はフィルムの保存にも最適だったからである。当然のことながら、炎暑は渇水を促し、水の清涼さへの欲望を喚起するだろう。奇しくも 1935 年、奇妙な事が起こる。恐慌の余波で人々が喘ぐ中、ハリウッド・セレブ御用達のビヴァリーヒルズ・ホテルでは、豪奢な「プール」が作られたからだ。

　街に溢れる失業者とプールで戯れるセレブ。炎暑の街の「水」のパラダイスは、恐慌が促した奇跡に他ならない。フランクリン・ローズベルトのニューディール政策によって、巨大ダムが次々に建設、市内にはコロラド河から大量の水が供給されるようになる。ロマン・ポランスキー監督『チャイナタウン』（*Chinatown*, 1974）でも言及されるこの一大公共事業は、砂漠の街ハリウッドを「水」の街に変えるのだ。結果、富裕層は、渇きを癒やす水を手に入れ、その富と名声の象徴「プール」を作る[1]。ロイド・ベーコン監

図1 『フットライト・パレード』水の饗宴　　図2 『フットライト・パレード』タワーと水

督『フットライト・パレード』（*Footlight Parade*, 1933）の水の饗宴は、別世界の出来事ではない。バズビー・バークレーが演出するコレオグラフィは、スクリーンに清涼感を与え、人々に刹那の夢を見せるだろう（図1）。それはときに、人間の機械的パフォーマンスへと変貌を遂げるわけだが[2]。

「恐慌」と「プール」は、同時代ハリウッドの特徴を映し出す。そして、重要なのは、このプールが「熱帯」のジャングルに接続する点だ。（例えば『フットライト・パレード』の風景がメカニカルな人間の「森」であることを想起しよう（図2））。プールの形状は矩形から蛇行形へと変化し、周囲には亜熱帯植物が植えられる。植物のあいだを流れるプールは、熱帯の河かラグーンと見まがう――「ジャングルと見まがわんばかりのこうしたプールは、それが砂漠の街ハリウッドに流行したことに意味を持つ。スターたちはプライヴァシーを守るためにプールの周囲を緑で覆い、その結果、ハリウッドのプールは砂漠の街の緑化計画の一翼を担う私設オアシスとなったのだ」

1）ニューディールの河川事業によって、砂漠の街ロサンゼルスは「水」を手に入れる。富裕層が作るプライベート・プールでは熱帯の植物が植えられ、ラグーンの様相を呈するのだが、これらが「熱帯リゾート」の原風景となった点は重要だろう。『ハリウッド・プールサイド』を参照されたい。
2）バズビー・バークレーの演出は、恐慌の現実を忘れるための逃避的エンターテイメントである一方で、マシーンエイジのイデオロギーを全開した好例だろう。コレオグラフィ（人文字。人間の機械的パフォーマンス）によって表現される模様は、身体の規格化と複数性を表象する。そして、それはファシズム的な軍隊の隊列行進や規律に接近するのだ。詳しくは、ボブ・パイクとデイブ・マーティンによるバークレー論を参照されたい。そこではバークレーのキャリアが、軍隊の隊列行進の演出からスタートしたことが述べられている。（Pike and Martin 133）

（加藤『映画の領分』27）。ハリウッドに出現したジャングル・プールは、緑のフレームと水のキャンバスを有するオアシスだろう。そして、その風景は今日的な「熱帯リゾート」の原風景(ルーツ)となる。だが、プリミティヴで、エキゾチックなこの熱帯風景が、1930年代のスクリーンを席巻していたことも忘れるべきではない。

　サイレントからトーキーへ。映画が「音」を手に入れた1930年代とは、何よりジャングル映画の時代であった。雄叫びや奇声という「音」とスクリーンに全開する不気味なジャングル、そしてエロティックな美神。W・S・ヴァン・ダイク監督『トレイダー・ホーン』（*Trader Horn*, 1931）が好例だろう。黒々とした原住民のなかで、「女神」として君臨するエドウィナ・ブースの身体は、限りなく白く艶めかしい。下半身を覆う腰簑とかろうじて胸を隠すスタイル。それは男性たちの欲望を喚起するに十分であり、「クイーン」の資質を存分に示す。実際、『トレイダー・ホーン』に追随するように、ハリウッドはジャングルに君臨するクイーンの物語を量産したからだ。ロバート・F・ヒル監督『密林の女王』（*Queen of the Jungle*, 1935）、ハワード・ブレザートン監督『密林の魔獣』（*The Girl from Mandalay*, 1936）、B・リーヴス・イーソン＆ジョセフ・ケイン監督『ジャグルに踊る怪物』（*Darkest Africa*, 1936）。神やテクノロジーが不在の地、未開のジャングルにおいて、その座を占めるのはクイーンの「白人」。エロティックなジャングルが、（男性）観客を手招きする。オリエンタルな欲望を煽り、植民地主義的な視線を投げかける物語が、ジャングル・プールの延長線上にあることは言うまでもない。

　ここで我々は、ジャングル映画の別ヴァージョン、男女のラブロマンスを見る必要があるだろう。当然、「ターザン」シリーズは避けて通れない。1918年のサイレント期に開始されたこのシリーズは、1930年代にジョニー・ワイズミューラーというスターを得て、驚異的なヒットを遂げる。ターザンはジャングルを熟知し、動物たちと意思疎通し、ライオンをねじ伏せる強さとサルに匹敵する跳躍力を持つ。容姿端麗で、女性には限りなく優しい（エドガー・ライス・バローズの原作において、ターザンはローマやギリシアの神々に比肩する身体を有する）。ターザンの人物造形とは、いわば理想的男

図3　『類猿人ターザン』水とジャングル

性像だろう。そして、これらのシリーズが、女性観客をターゲットとする「女性映画」として構想されていた点も重要である（Doherty 262）。男性観客がクイーンの身体を見る『トレイダー・ホーン』に対し、『ターザン』では、女性観客がジェーンの視座で物語を旅する。すると、猛獣溢れるジャングルは、女性にとっての癒やしの「リゾート」となるだろう。

　しかしながら、このようなジャングル映画は、そのプロット自体に危うさを内包する。W・S・ヴァン・ダイク監督『類猿人ターザン』（*Tarzan the Ape Man,* 1932）やセドリック・ギボンズ＆ジャック・コンウェイ＆ジェームズ・C・マッケイ監督『ターザンの復讐』（*Tarzan and His Mate,* 1934）の物語構造を見れば、それがメリアン・C・クーパー＆アーネスト・B・シェードザック監督『キングコング』（*King Kong,* 1933）と呼応する、植民地に対する暴力的支配や搾取の構造と同義であることに気づくだろう（宮本　21-45）。例えば、『類猿人ターザン』において、原住民を奴隷のように使い、猛獣を虐殺するジェーンの父の職業とは、象牙商人ではなかったか。彼らはアフリカに英国風の暮らしを持ち込み、原住民の酷使や猛獣の虐殺を疑問に思うことはない（象牙に象徴されるアフリカ収奪を正当化するメンタルは、ジェーンにも共有されている）。そして、ターザンが英国貴族の流れをくむ白人であり、白人男性のマスキュリニティを遺憾なく発揮するファンタジー的存在である限り、ジェーンの冒険旅行は、「安全」なジャングル・クルーズであり続ける。ターザンの庇護のもと、ジェーンは安全にアフリカを鑑賞／消費できるのだ（ターザンは、人種混淆の映像表象を禁止する「ヘイズ・コード」の守護者としての側面も併せ持つ。白人同士のラブロマンスであれば、コードに抵触しないからだ）。こうして、象牙収奪が映し出す植民地に対する搾取の構造や、侵略者たちの欲望や暴力は、二人のラブロマンスの向こう側に押しやられる。「河」のシーンが象徴的だろう。ターザンのいる河

では、ワニやカバなどの猛獣が不在なだけでなく、水は澄み切り、流れもない。このとき河は、リゾート・プールとなる。ターザンは水に浮かぶジェーンを優しく抱く。二人は水の中で一つになり、観客の欲望を喚起する（図3）。それはまるで、ジャングルのロミオとジュリエット、或いはジャングル・プールで戯れるハリウッド・セレブのメタファーだろう。ターザンとジェーンのカップリングは、水とジャングルの原風景となる。

3　ターザン、南海へ行く―南海映画と『青い珊瑚礁』

　ターザンのいる熱帯ジャングルは、一時の「冒険」とスリルを与え、エキゾチシズムを誘発する「楽園」である。そして、緑に縁取られた水辺は、安全・健全なラブロマンスの生起するトポスとなる。このようなハリウッド映画の熱帯リゾート風景は、様々なヴァリエーションを伴いながら、変奏していくのだ。1930年代から1960年代に制作されたおよそ40編もの「ターザン」シリーズに加え、その亜流「ボンバ」シリーズが好例だろう。ボンバ役のジョニー・シェフィールドはワイズミューラーの後裔であり、躍動する白い身体は、ジャングルと「コード」の守護者ターザンのデジャヴとなる。『ロスト・ボルケーノ』（*The Lost Volcano*, 1950）、『アフリカン・トレジャー』（*African Treasure*, 1952）、『ボンバとジャングル・ガール』（*Bomba and the Jungle Girl*, 1952）、『サファリ・ドラムス』（*Safari Drums*, 1953）、そして『殺人豹』（*Killer Leopard*, 1954）（これらのボンバシリーズはすべてフォード・ビービ監督）。ヤリを持つ白い野人・ボンバは、ジャングルを彷徨う白い女性身体に寄り添う。エレナ・ヴァデュゴーやバーバラ・ベスターなどの黒髪ヒロインは、ボンバに同一化する男性観客を魅了するのだ。

　当然のことながら、ジャングルの冒険譚は、植民地支配の暴力性や政治性と無縁ではなく、その不気味さをスクリーンの肌理から削除できない。「ボンバ」シリーズのヒロインが、何故サファリ・シャツを着た文明人なのかを想起すればいい。それはジェーンと同じく、彼女たちがジャングルに来る理由を裏書きするだろう。ボンバやターザンが守るかりそめのユートピアは、ディストピア的側面を表出し、その表層的リゾートに疑問符を突きつける。

ジャングルの冒険とは、ジャングルの「消費／支配」と紙一重だからだ[3]。

　複層的なジャングルの風景には、ターザンとジェーンのヴァリエーションで溢れる。内陸のジャングルから、南海のジャングルに場所を変えれば、『青い珊瑚礁』(*The Blue Lagoon*, 1923, 1949, 1980) も「ターザン」のアダプテーションに見えてくる。例えば、1980年版『青い珊瑚礁』を見よう。孤島に流れ着いたリチャード、エメライン、料理夫パディ。三人は滝で水浴びし、バナナを頬張り、無邪気にはしゃぐ。エメラインはラム酒の樽を見つけ、リチャードは髑髏を拾ってくる（おののくバディ。そして、その場が凍りつく）。文明人の亡骸は、この島が無人島ではなく、自分たちとは別の存在が支配していることを暗示するだろう（「別の存在」である食人族は三人を襲うことはないのだが）。一方、ときおり出現する帆船は、この島や海域が文明の支配力が及ぶ領域にあり、船員の覗く望遠鏡が示唆するように、すべてが「お見通し」なのだ。それは最終的に、父が子供たちを発見し、救出することに顕著である。

　灼熱の太陽と紺碧の海、そしてジャングル・アイランド。しかしながら、それは文明の周辺に位置するかりそめの孤島、言い換えればリゾートに他ならない。興味深いことに、『青い珊瑚礁』では、「文明化のレッスン」が表象されているからだ。リチャードが頻繁に眺める「写真」が好例だろう。結婚式、夫婦生活、子供との生活。料理夫パディに、リチャードが言う台詞が興味深い——「フクジュウ（subjugation）って、何のこと？」。雑誌を見てリ

---

[3] 1940年代後半から50年代にかけて、ターザン／ボンバ・シリーズに象徴されるように、物語の舞台はジャングル・プールから南海のビーチへと移り変わる。例えば1948年版『青い珊瑚礁』やデルマー・デイヴィス監督『南海の劫火』(*Bird of Paradise*, 1951) を見ればいい。当然のことながら、ハリウッドの南海表象とは、同時代の政治的軌跡、南海での核実験と期を一にしている点を忘れるべきではない。1946年にビキニ環礁のクロスロード作戦から開始され、1958年7月まで続く一連の核実験とハリウッド南海冒険譚の量産は、時代の表裏であり、ターザン表象はそのダークサイドを覆うカモフラージュと言えるだろう。第二次大戦後における各国の南海核実験は、太平洋における覇権争奪戦であり、ターザン／ボンバの活躍がアメリカ軍の強さを代理／表象することは間違いない（映画と戦争は、その歴史を見ても表裏一体ではなかったか）。彼らの白い身体とは、珊瑚礁の破片をまき散らすキノコ雲のメタファであり、収奪・支配の別名となる。

図4 『青い珊瑚礁』結婚写真

図5 『青い珊瑚礁』海中で戯れる二人①

図6 『青い珊瑚礁』海中で戯れる二人②

ラックスする妻と、子供を二人抱え、困り果てた夫の写真（図4）。次のショットでは、「服従。家より素敵な場所はない」の文字が見える。結婚生活を皮肉るその「写真」は、今後のリチャードとエメラインの関係性を予告し、観客のデジャヴとなるだろう。写真に写るコミカルな夫婦のように、若き二人は成長し、困難の果て子供を授かり、そして「家族」になるからだ。これらの「写真」は、『青い珊瑚礁』の「イメージシステム」であることは言うまでもない。「イメージシステム」とは、「ストーリーに何層もの意味付けをするために、映画の中で繰り返し使われる映像や構図」（メルカード　21）である。リチャードとエメラインが海中で戯れるショットと例の結婚写真の反復は、二人が結ばれる必然を準備、予告する（図5は幼き日の二人、図6は結ばれた後の二人である。イメージシステムが観客の脳裏で反復し、意味が形成されるだろう）。観客はそのショットを道しるべに、より一層、物語に没入できるはずだ。

　『青い珊瑚礁』が南海のロミオとジュリエット、或いはターザンとジェーンという白いカップリングである一方、南海映画を一瞥すれば、そこには二種類の女性「身体」が出現する点は重要である。例えば、F・W・ムルナウ監督『タブウ』（*Tabu : A Story of the South Seas,* 1931）に顕著なように、白人ヒロインの乳房が周到に隠されるのに対し、原住民の女性たちの身体は、プリミティヴな踊りや儀式とともに開示され、スペクタクルとなるからだ。当然、その身体は特定の「場所」と結びついた「ネイティヴ」的身体ですら

ない。ボラボラ島固有の文化を纏わず、「南海」というイメージだけが付与され、セクシュアリティが剥奪された身体。それは主人公の白人男性を魅了せず、物語にエキゾチシズムを添える背景に過ぎない。これに対し、原住民を偽装する白人ヒロインの身体は、エキゾチシズムに接近しながら、エロティシズムを開示する。例えば、キャロル・リード監督『文化果つるところ』（*Outcast of the Islands*, 1951）において、ウィレムス（トレヴァー・ハワード）はバダヴィ族酋長の娘アイサ（ケリマ）に惹かれ、マーク・ロブソン監督『楽園に帰る』（*Return to Paradise*, 1953）のモーガン（ゲイリー・クーパー）は、マタレヴァ島のミーヴァ（ロバータ・ヘインズ）の身体に魅了されていたはずだ。彼女たちの身体は、肌の一部しか見えていない。しかしながら、オリエンタリズムを偽装するエロスは、隠されていることで機能するだろう。白人男性が、疑似ネイティヴ（白人女性）を欲望する。それは原住民の女性身体を不可視化し、南海イメージを好む身勝手な振る舞いに他ならない。

　では、安全な異文化を消費／支配する南海映画に対し、ハリウッドは如何に自己批判を展開するのだろうか。ここで我々は、『ザ・ビーチ』の南海イメージを見る必要があるだろう。リチャードの冒険旅行が示唆するのは、表層的なエキゾチシズムと刹那の快楽を追求する現代人への批判である。楽園がユートピアからディストピアへと反転し、その風景にサバービア（郊外）の風景が重なるとき、如何なる意味をそこに読み込むべきだろうか。

4　偽装する「アメリカ」
　　─『ザ・ビーチ』とツーリスト・ターザン

　主人公リチャードが見るバンコクとは、偽装した「アメリカ」である。偽ブランドが溢れる市場では、ドルが飛び交う。観光は金に換えられ、人々は消費社会に飲み込まれる。東南アジアの雑多な風景は、映像に貼り付けられた異国情緒、あるいはアジア的な記号に過ぎない。街の喧騒は、旅人である欧米人の日常生活に接続され、異文化は相対化されているからだ。例えば、リチャードがホテルで部屋を取ろうとするシーン。ロビーのテレビにはシッ

トコム・アニメーション『ザ・シンプソンズ』(*The Simpsons*, 1989～　)が映され、ロビーには欧米人が溢れる。ビリヤードや雑談に耽る人々の傍ら、広い映画スペースでは、フランシス・フォード・コッポラ監督『地獄の黙示録』(*Apocalypse Now*, 1979) が上映される。何千キロも旅をして、やっと異国に辿りついても、そこに変化はない。歓楽街でタイ人がリチャードに言うセリフは象徴的だろう－「怖いんだろう、新しいことが。観光客、みんな同じ。安全が一番。アメリカにいるのと同じ」。歓楽街もホテルのロビーも、スクリーンに同質の肌理を形成する。

　アメリカ化したバンコクの風景は何を意味するのか。欧米の旅人にとって、東南アジアの入り口、古の都バンコクとは、楽園にも等しいはずだ。だが『ザ・ビーチ』において、その「楽園」には、消費社会の欲望が渦巻いている。アメリカ化した消費の楽園。それは安全なジャングル・クルーズ、或いはエキゾチック・ツアーの別名だろう[4]。南海映画の主題がエキゾチック・パシフィックの反復と収奪であるなら、『ザ・ビーチ』はオリエンタル・アジアのそれに他ならない。ここで重要なことは、そのイメージが「イメージシステム」として変奏、反復されていくことだろう。観客は未知と既知の錯覚に翻弄されながら、偽装し、変容するイメージを見続けなければならない。結論を先取りすれば、リチャードが辿り着く楽園「ビーチ」ですら、バンコクの別ヴァージョン、或いはサバービアに過ぎない。しかしながら、物語の始まりからゲームをするリチャードは、この予兆に気づかない。彼はディストピアのサインが全く見えないのだ。

　消費と欲望の街バンコク。この「楽園」の別の顔は、ドラッグによってさらなる幻想性を帯びる。蒸し暑く、薄汚れたホテルの一室。ゴキブリの這う不衛生な空間。マリファナを燻らすダフィ（ロバート・カーライル）から、リチャードは孤島「ビーチ」の話を聞く－「ラグーン。高い岸壁に囲まれ、遮断されたラグーン。外界から完全に閉ざされた禁断の場所」。ダフィが語るその刹那、画面はディゾルヴし、そこに「ビーチ」が重なる（図7）。『青い

---

4) 第三世界に浸透するアメリカン・イメージとツーリズムの共犯関係については、ブアスティンとマキャーネルを参照されたい。また、アレックス・ティッケルは植民地主義とツーリズム、そして『ザ・ビーチ』の交差を論じている。

図7 『ザ・ビーチ』ダフィと「ビーチ」

珊瑚礁』のフィジー、或いはフランク・C・クラーク監督『少年と鮫』（*Seakiller*, 1979）やカーティス・バーンハート監督『雨に濡れた欲情』（*Miss Sadie Thompson*, 1953）のタヒチのイメージであろうか。南の島が誘発するエキゾチシズムは、隣の部屋から聞こえてくるセックスの声と相まって、エロティックな欲望を喚起させる。だが、海と断崖に囲まれた楽園「ビーチ」とは、牢獄的な安宿の反転した姿だろう。対照的な二つの「密室」は、マリファナ越しに結びつく。リチャードは何も考えられぬまま、翌日、ダフィの手紙／地図と、彼の死体を目撃する。

　美しきラグーンと南海の楽園。それはもう一人のリチャードがいた風景だろう。だが『青い珊瑚礁』の甘いユートピアが食人族のディストピアと表裏一体だったように、ダフィの語る『ザ・ビーチ』の楽園は、彼の死体が転がる部屋と地続きである（加えるなら、フランソワーズ（ヴィルジニー・ルドワイヤン）の喘ぎ声は、悲鳴への序章となるだろう）。両極端なイメージは、マリファナの煙の向こうに明滅するイメージであり、同時に反転可能であることを暗示する。しかしながらリチャードは、「ビーチ」の楽園イメージを払拭できない。むしろ、その魅惑に囚われてしまう。

　現代のターザン、リチャードが欲望する楽園は、マリファナの向こう側で明滅するイメージに他ならない。『ザ・ビーチ』が興味深いのは、リチャード自身がオリエンタル・イメージの収奪者である一方で、そのイメージ自体、ドラッグ的トリップの助力なしには維持できない点だろう。南海のターザンは、バックパッカー・ターザンへと変容し、必然的にドラッグ・ツーリストに接続する。ジャングルの王者ターザンから、ジャングルを幻視するツーリスト・ターザンへ。実際、マリファナは、意識を飛ばすと同時に、自分探しの旅と結びつく。ウィリアム・スティーブンソンが述べるように、マリファナはバックパッカーにドラッグ・ツーリストのイメージを付与し、孤独で退廃的な自己探求を促すからだ（Stephenson 370）。オリエンタリズム、ドラッグ、ツーリズム。これらは、リチャードの旅と期を一にして、幻想の

楽園を出現させる。

　ドラッグは人々に何を見せるのだろうか。映画が観客に夢を見せるように、ドラッグが千差万別の幻影を見せるのは言うまでもない。映画とドラッグの親和性は周知であり、そのイメージや効果、役割は多岐に渡る5)。LSDの幻影の中で性交するヒッピーを描く、デニス・ホッパー監督『イージー・ライダー』（*Easy Rider,* 1969)6)。ドラッグ入りの牛乳と暴力の饗宴、スタンリー・キューブリック監督『時計じかけのオレンジ』（*A Clockwork Orange,* 1971）。コカイン密売で暗黒街を生きる男の物語、ブライアン・デ・パルマ監督『スカーフェイス』（*Scarface,* 1983）。食事と排泄、セックスとドラッグを同義として描く、ダニー・ボイル監督『トレインスポッティング』（*Trainspotting,* 1996）。ドラッグまみれの大騒動、テリー・ギリアム監督『ラスベガスをやっつけろ』（*Fear and Loathing in Las Vegas,* 1998）。ドラッグ映画の多様性とは、人生の多様性に等しい。また、ドラッグが数多の名前を持つことも示唆的だろう（dope, grass, hash, herb, hemp, draw, blow, etc)。ドラッグとは、常に自己刷新する現象／表象である。マーカス・ブーンが示唆するように、ドラッグは一定の解釈や名前を拒み続ける自己更新的存在に他ならない（Boon 167）。そして、ドラッグが与えるイメージとは、快楽と不快、天国と地獄の両義性を担う。

　この意味において、ドラッグの両義性は、マリファナの島・「ビーチ」の両義性を暗示、予告するだろう。「ビーチ」上陸後、リチャードたちが眼に

5）ドラッグ・イメージは、1960年代のアメリカン・ニューシネマ以降、頽廃と逸脱のステロタイプなクリシェであり、そこに目新しさはない。ロジャー・コーマン監督『白昼の幻想』（*The Trip,* 1967)、リチャード・ラッシュ監督『ジャック・ニコルソンの嵐の青春』（*Psych-Out,* 1968)、『イージー・ライダー』（*Easy Rider,* 1969）など、ドラッグ体験の映画的応用は、ヒッピーの「旅」が自己探しのドラッグ・トリップであることを裏書きする。この意味において、『ザ・ビーチ』のダフィが語る楽園「ビーチ」と彼の死が、マリファナを介して導入された点は大きい。リチャードは常に何かを幻視する。それは逆に言えば、何かを見ないようにしている証左ではないのか。

6）1968年の「プロダクション・コード（ヘイズ・コード）」の完全廃棄に伴い、暴力、性、ドラッグなど、これまでの禁止事項が解禁となった点は注目すべきだろう。『イージー・ライダー』のLSDセックスの描写などは、コード解禁の恩恵なしには考えられない。

する光景とは、武装した農民が守る大麻畑。「ビーチ」のコミュニティに辿りつくには、このゲートウェイを抜けねばならない。ダフィの語る「ビーチ」がマリファナの煙の向こうに出現したように、現実の「ビーチ」は大麻畑の向こう側にある。

5 「楽園」を収奪する―トリップ／ゲームするターザン

楽園「ビーチ」の欧米人コミュニティは、女性リーダー・サル（ティルダ・スウィントン）を頂点とする。リチャードら三人は、このコミュニティに迎えられ、自給自足的な生活を体験することになる。漁師、大工、料理人等々。住人はそれぞれの役割をこなし、コミュニティに貢献しなければならない。夜にはマリファナを燻らし、タイ語を学ぶ。リチャードはこの生活を総括する―「島に同化し、使命を見出し、快楽を追い求めること」。だが、ここでの生活は、消費社会の恩恵と無縁ではない（サルが集団の真ん中で「寝釈迦」と同じ格好をしていることは示唆的だろう。映画の冒頭、リチャードが見る寝釈迦がここで反復されている。寝釈迦が見る風景とは、車が行き交う雑多なバンコク。サル／寝釈迦は、消費の欲望を目撃しているのだ）。

リチャードの買い出しのシーンは興味深い。住人が求めるモノは、消費社会の生活必需品であるからだ。歯磨き粉、歯ブラシ、海水パンツ、アスピリン、タンポン、乾電池、コンドーム、ウォッカ、ビーフカレー、新聞、石けん、トイレ紙、タイガーバーム、オイル、漂白剤、ヘアコンディショナー。彼らは「ビーチ」に、消費社会の日常を持ち込む。観光客が旅先のホテルに、日々の生活スタイルを持ち込むように、彼らも同様の行為をしているわけだ。つまり、彼らは偽装した観光客であり、「ビーチ」での生活はワイルドなホテル暮らしに過ぎない。そして、買い出し先のパンガンは、バンコクの変奏した風景を映し出す。

バンコクがアメリカの（広義の）サバービアであるように、「ビーチ」がパンガン島の郊外にある点は注目すべきだろう（バンコクでリチャードが「目撃」した『ザ・シンプソンズ』はここでも意味を持つ。「シンプソン」一家とは、サバービア・ファミリーではなかったか）。消費社会のネットワー

ク上で、都市（中心）と郊外（周縁）は、相互依存の関係を切り結ぶ（Annesley 556–557）。バンコクとパンガン、パンガンと「ビーチ」との関係は、都市と郊外のメタファーであり、共依存しながら互いを食い尽くしているからだ[7]。「ビーチ」の住人は大麻を育て、それをパンガンの観光客に売る。観光客が吸うマリファナが、かつての「観光客」によって提供されるという矛盾。この点において、大麻畑を守るカラシニコフを携えた農民（出稼ぎ労働者）と、「ビーチ」の住人（観光客）は、二重写しとなる。共に定住者でなく、大麻に生活を依存し、自分たちのルールに絶対服従する二つの集団。彼らは、危険な大麻に魅惑されながら、その利益で生きるしかない。農民と住人はコインの裏表に過ぎないわけだ（Stephenson 372–375）。

　消費とドラッグへの欲望、或いはトリップするターザン。イメージシステムが反復するこの主題は、リチャードに同化した観客を戸惑わせる。熱帯の楽園が見慣れた日常の風景となるからだ。では、このリゾート的風景の居心地の悪さとは何なのか。象徴的なシーンを見よう。カメラはハンモックでゲームボーイに興じるリチャードを捉える（図8）。次のショットは、ビーチで血だらけの男三人（図9）。ゲームをするリチャードと、鮫に腹や足を食いちぎられた男たちが、クロスカット（平行編集）で提示されるのだ（それはリアルとアンリアルの交差だろう）。駆けつけたリチャードは取り乱し、怪我をした仲間に救いの手を差し伸べられない。傍らに座り、仲間から目を背け、遠くの風景を見る（図10）。その刹那、リチャードに同化していた観客は、この「乗り物」から降り、無力な青年を眺めることになるだろう。リチャードたちの「楽園」。それは、現実と乖離した

図8　『ザ・ビーチ』ゲームするリチャード

7）レナ・レンセックとギデオン・ボスカーの『ビーチ　地上の楽園の歴史』は、ビーチを扱った数少ない論考である。1950年代を境に「ビーチは、バックヤード・パティオが広がったものへと変容」する（Lencek and Bosker 248）。海辺は富裕層の非日常的保養地ではなく、消費社会の「場」へと変貌する。ビーチとは、消費の欲望を充足する「公的空間（パブリック・スペース）」でありながら、肌を極限まで露出できる「私的空間（プライベート・スペース）」となるのだ。

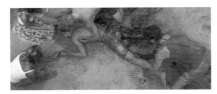
図9 『ザ・ビーチ』鮫に襲われる仲間たち

図10 『ザ・ビーチ』遠くを眺めるリチャード

図11 『ザ・ビーチ』ゲーム・イメージ

図12 『ザ・ビーチ』闇とリチャード

幻想に過ぎない。彼らはその場所を占有し、「リゾート」としての瞬間を享受しているだけなのだ[8]。

　リチャードは、リアルな世界から目を背ける（或いは、「遠くを見る」）。住人も同様に、死人や怪我人をコミュニティから遠ざける。彼らは、「恐怖」を隔離し、利那的な享楽のみを追求するのだ。言い換えれば、彼らは「楽園」を収奪していたと言っていい（そもそも彼らはサヴァイヴする必要すらないし、鮫との格闘もゲームの一環だからだ）。だからこそ、リチャードはマリファナの煙の向こう側、イメージの世界へと逃避する。ゲームとマリファナのトリップ的交差。ここからリチャードの「ゲーム」的世界への没入が開始するのだ。島を戦場に見立てたアドベンチャー「ゲーム」（図11）。CG画面とリアルな画面はクロスカットし、木の銃を携えたリチャードは、果敢に森の中を進む－「この森は僕のテリトリー」。カラシニコフを持つ農民を兵

---

8) 消費社会における「ビーチ」イメージとは、コンクリートが囲む人工的楽園「ショッピングモール」だろう。ダニー・ボイル監督が『ザ・ビーチ』のあとに、『28日後…』(*28 Days Later*, 2002) を撮った点は注目してよい。この映画はウィルスにより人間がゾンビ化し、世界の終わりを暗示する物語だが、そのモデルはジョージ・A・ロメロ監督『ゾンビ』(*Dawn of the Dead*, 1978) である。ゾンビに囲まれたショッピングモール。それは人工的ユートピアであり、ディストピアではなかったか。詳しくは拙論を参照されたい。

図13 『ザ・ビーチ』闇とダフィ　　図14 『ザ・ビーチ』パラレル・ユニバース

士に例え、虚実ないまぜの世界で、彼は死ぬことのないゲームに邁進する。それはさながら、「ゲームするターザン」だろう。彼は次のように言う―「島と僕と農民たち、侵略者どもが、一体となって同じゲームをやっている。そしてその中心には一人の男、ダフィ」。闇の中から顔半分だけを見せるリチャード（図12）。握手を交わしたその刹那、闇の部分にダフィの顔が半分だけ浮かび上がる（図13）。「ビーチ」のダークサイドで、二人は重なり、同化するのだ。このヴァーチャルな世界で、リチャードはイメージの住人となる。彼はすべてを壊し、「ビーチ」を解放する。

　ジャングルから南海、そしてイメージの中へ。『ザ・ビーチ』のラストシーンは興味深い。帰国したリチャードは、Eメールの添付写真に気づく。「パラレル・ユニバース。ラブ。フランソワーズ」と書かれた写真。それは刹那の記憶を喚起し、リチャードにリアルな感情を抱かせる。享楽の向こう側、それはダフィの殺害現場にも似た凄惨な記憶。だが、リチャードはもう目を背けない。

　ターザン表象の変奏は、「楽園」イメージの虚構性を暴き、その裏側に巣くう収奪のロジックを焙り出す。それはアフリカや南海、或いはアジアの収奪・占有に対する警告と告発であり、リゾート的風景のダークサイドを映し出すだろう。「ターザン」に始まるリゾートの風景とは、植民地主義的な側面を有しながら、ステロタイプな冒険譚として踏みとどまる。同時にそのラブロマンスにかすかな政治性を付与するのだ。スクリーンが映し出すターザンとは、雄叫びながらアクションする裸身のヒーローのみを意味しない。時代によって変化する政治的複層性と呼応しながら、批判的にそれを告発する

装置なのだ。ジャングル・トゥ・ビーチ。ターザンの水辺の軌跡を辿ることで、ハリウッドの政治学が見えてくるはずだ。

参考文献

Annesley, James. "Pure Shores : Travel, Consumption, and Alex Garland's *The Beach*." *Modern Fiction Studies*. 50. 3（Fall 2004）: 551–569.
Boon, Marcus. *The Road of Excess : A History of Writers on Drugs*. Cambridge : Harvard UP, 2002.
Brereton, Pat. *Hollywood Utopia : Ecology in Contemporary American Cinema*. Bristol : Intellect, 2005.
Boorstin, Daniel J. *The Image : A Guide to Pseudo-Events in America*. New York : Harper, 1964.
Couvares, Francis G. ed. *Movie Censorship and American Culture*. Amherst : U of Massachusetts P, 2006.
Devine, Jeremy M. *Vietnam at 24 Frames a Second : A Critical and Thematic Analysis of Over 400 Films about the Vietnam War*. Austin : U of Texas P, 1995.
Doherty, Thomas. *Pre-Code Hollywood : Sex, Immorality, and Insurrection in American Cinema 1930–1934*. New York : Columbia UP, 1999.
Evenhuis, Frans and Robert Landau. *Hollywood Poolside : Classic Images of Legendary Stars*. Santa Monica : Angel City Press, 1997.
Gluckman, Ron. "On *The Beach* with Alex Garland." *Asian Wall Street Journal*（Feb. 1999）: 19–20.
Lencek, Lena and Gideon Bosker. *The Beach : The History of Paradise on Earth*. London : Secker, 1998.
MacCannell, Dean. *Empty Meeting Grounds : The Tourist Papers*. London : Routledge, 1992.
Pike, Bob and Dave Martin. *The Genius of Busby Berkeley : A Tribute to the Master of the Hollywood Musical*. Reseda : CFS Books, 1973.
Stephenson, William. "Island of the Assassins : Cannabis, Spectacle, and Terror in Alex Garland's *The Beach*." *Critique*. 46. 4（Summer 2005）: 369–381.
Tickell, Alex. "Footprints on *The Beach* : Traces of Colonial Adventure in Narratives of Independent Tourism." *Postcolonial Studies*. 4.1（2001）: 39–54.
加藤幹郎　『映画とは何か』（みすず書房、2001）
────　『映画の領分　映像と音響のポイエーシス』（フィルムアート社、2002 年）
コルバン、アラン『浜辺の誕生　海と人間の系譜学』福井和美訳（藤原書店、1992 年）
塚田幸光「ユートピア、ディストピア、サバービア──ダニー・ボイル『ザ・ビーチ』とハリウッドの「楽園」」野田研一編著『〈風景〉のアメリカ文化学』（ミネルヴァ書房、2011 年）229–249 頁

宮本陽一郎　『モダンの黄昏　帝国主義の改体とポストモダニズムの生成』（研究社、2002年）

メルカード、グスタボ『filmmaker's eye　映画のシーンに学ぶ構図と撮影術』（ボーンデジタル、2013年）

第3章

ヨーロッパ・地中海海洋世界と異文化遭遇

奴隷船が出港するまで
―― 近世フランス奴隷貿易の一局面 ――

阿 河 雄 二 郎
文学部文化歴史学科教授

1 近世ヨーロッパ諸国の奴隷貿易のトレンド

　16–18世紀にかけてヨーロッパ人がおこなった奴隷貿易（いわゆる三角貿易）は、近年の研究でかなり正確な像を結ぶようになった。ちなみに、この方面の研究で先導的な役割をはたし、今日でも評価の高いカーティンは、当該期にアフリカからアメリカに送り込まれた奴隷の総数を約1,100万人と見積もり、そのうち600万人以上が18世紀に集中しており、奴隷貿易（ならびに西インドの開発）が18世紀にとてつもない規模で展開されたことを明らかにした[1]。

　その後、奴隷貿易については各国で精緻な研究が積み重ねられ、その成果がデータベース化されるに至っている。なかでもエルティスとリチャードソンが編集した『大西洋の奴隷貿易地図』は、地図や図版をふんだんに取り入れて、奴隷貿易の全貌をわかりやすく視覚的にイメージすることを可能にしてくれる[2]。それによれば、18世紀の国別の奴隷移送数は、ポルトガル約221万人、イギリス約255万人、フランス約114万人、オランダ約33万人、アメリカ（現在のアメリカ合衆国に相当）約19万人、デンマーク約7万人と

---

1 ）P. D. Curtin, *The Atlantic Slave Trade, A Census,* Wisconsin U. P., 1969, p.13.
2 ）D. Eltis & D. Richardson, *Atlas of the Transatlantic Slave Trade,* Yale U. P., 1992, p.23.

なり、ポルトガルがブラジルにほぼ平行移送した人数を除けば、残りの大半（約400万人）はカリブ海のアンティル諸島に集中して送り込まれたのであった。カーティンの数字を借りると、カリブ海のイギリス領、フランス領、オランダ領、デンマーク領植民地はそれぞれ約140万人、約134万人、約46万人、約2万4千人を受け入れた[3]。また、奴隷貿易を実施した海港都市は、ブラジル関係を除外すれば、奴隷人数の多い順から、リヴァプール、ロンドン、ブリストル、ナント、ラ・ロシェル、ル・アーヴル、ボルドーとなり、イギリスやフランスの重商主義体制を支える役目を担ったのが、おもに大西洋に面した海港都市だったことを強く印象づける[4]。

　奴隷貿易は、奴隷制の非人道性や非効率性が声高に叫ばれるようになった18世紀末、さらに19世紀に入っても止むことはなかった。1801–1860年間のアメリカへの奴隷移送の総数は約400万人にものぼっている。国別の内訳は、ポルトガルが約245万人と相変わらず圧倒的であるものの、イギリス約28万人、フランス約20万人、オランダ約2千人、スペイン約78万人、アメリカ合衆国約11万人、デンマーク約1万人も看過できない[5]。いち早く奴隷制廃止を宣言したと自賛するイギリスやデンマークで奴隷貿易が存続したばかりか、革命期に奴隷制廃止を謳ったはずのフランスでも暗黙裡の奴隷貿易は継続しており（ナポレオン時代には復活）、ヨーロッパで奴隷貿易が公式に消滅するには1848年を待たねばならなかった。逆説的には、奴隷貿易は依然としてアメリカの開発に一定の重要性を持ち続けたのである。そこから、奴隷貿易で得られた莫大な利益が産業革命のファクターとなり、資本主義発展の「原蓄」となったとの解釈も根強く存在しているわけである。

　ところで、イギリスやアメリカに比して、フランスの奴隷貿易の研究は遅れていたとの印象を否めない。史料の欠落に加えて、奴隷貿易への関与という暗い過去を封印し、正面からこの問題に向き合おうとしなかったからである。フランスではパイオニア的なガストン゠マルタンの研究はナント、それも1714–74年間に留まっているし、ボルドーの貿易を考察したビュテルの書

---

3) P. D. Curtin, *op. cit.,* p.216.
4) D. Eltis & D. Richardson, *op. cit.,* p.39.
5) D. Eltis & D. Richardson, *op. cit.,* p.23.

物には奴隷貿易がほとんど出てこない[6]。アンティル諸島との直行貿易（droiture）に目を奪われるボルドーでは、奴隷貿易は些細なエピソードにすぎなかったのだろうか。そのようななか、フランスから出港した奴隷船の総数に着目し、データベース化を試みたメッタスの業績（1978–84年）が注目されるが[7]、ようやく 1980 年代後半に入って、ラ・ロシェル、ボルドー、ナントの奴隷貿易の実態が、それぞれドゥヴォー、ソジュラ、ペトレ゠グルヌイヨーによって解明された[8]。そうした流れは、海洋史研究が盛んになったこととも関連づけられようが、奴隷制を「人類に対する罪」と断じた 2001 年のトビラ法につながる運動に呼応したものでもある[9]。

　フランスで奴隷貿易といえばナントを連想するほどに、ナントは近世の奴隷貿易で今日の基盤を築いた。その反省に立って、ナントでは 1991 年に「記憶の輪（Anneaux de la Mémoire）」協会が設立された。この協会は、ユネスコとも協力しつつ、奴隷制や人種差別を批判し、その根絶を目標としているが、1992–94 年には奴隷貿易の生々しい実態をナント歴史博物館で企画・展示し、1999 年からは『記録の輪・研究ノート（Cahiers des Anneaux de la Mémoire）』という雑誌を発行するようになった。「歴史」という名こそ冠していないけれども、この雑誌はナントを軸に奴隷貿易の様態を検証しようとする意欲的な歴史研究誌であって、毎号 300 ページあまりの重厚な作りである。そこには、著名な歴史研究者ばかりでなく、ナントやレンヌ大学などの大学院生が多く論文を投稿しており、研究の牽引力となっていると言って過言ではないだろう。

　付記すれば、現在のナントでは、かつて奴隷貿易商人の居館が立ち並んでいたロワール川のフォス河岸に沿って「奴隷制廃止のメモリアル（Mémorial de l'abolition de l'esclavage）」という散策路が設けられ、奴隷問題を追想し、

---

6) Cf., Gaston-Martin, *Nantes au 18ᵉ siècle, l'ère des négriers, 1714–1774,* Paris, 1993 ; P. Butel, *Les négociants bordelais, l'Europe et les îles au 18ᵉ siècle,* Paris, 1974.
7) H. Mettas（éd. par S. et M. Daget）, *Répertoires des expéditions négrières au 18ᵉ siècle,* Paris, 1978–84.
8) J. M. Deveau, *La traite rochelaise au 18ᵉ siècle,* Paris, 1990 ; E. Saugera, *Bordeaux, port négrier, 17ᵉ–19ᵉ siècles,* Paris, 1995 ; O. Pétré-Grenouilleau, *Nantes au temps de la traite des Noirs,* Paris, 1998.
9) 平野千果子『フランス植民地主義と歴史認識』岩波書店、2014 年、7 頁。

その廃止に貢献した人々の功績を偲ぶ場所となっている[10]。管見のかぎり、このようなモニュメントはボルドーやラ・ロシェルには見当たらない。

いずれにしても、「記憶の輪」の運動を含めて、ここ 10 年あまり、フランスでは近世の奴隷貿易やアンティル諸島のプランテーションに関わる研究書がたくさん刊行され、研究の蓄積も厖大な量にのぼっている。本稿では、そうした状況をふまえ、まずは全体としての奴隷貿易の趨勢を概観したうえで、奴隷船がどのようにして母港である海港都市を出発していったのか、その具体的なありさまを浮き彫りにしたい。

2 近世フランスの奴隷貿易の概観

フランスは奴隷貿易にどのように関わっていったのだろうか。通説的には、16 世紀から 17 世紀中葉にかけてのフランスは、奴隷貿易に直接出向くことは少なく、奴隷を積んだ外国船を襲う海賊・私掠行為が主流であって、その中心はディエップ、ル・アーヴル、サン゠マロなどおもに英仏海峡からブルターニュ半島にかけての小さな海港都市であった[11]。17 世紀に入ると、ルイ 13 世の宰相リシュリューの支援を受けたデスナンビュクによるサン゠クリストフ島の開発（1625 年）、マルティニク島やグァドループ島への拠点移動（1630 年代）、1639 年の「アメリカ諸島会社」の設立といった具合にアンティル諸島の開発が進められたが、当初の労働力を担ったのは、ノルマンディ、ブルターニュ、ポワトゥといった北部・西部出身の年季奉公人

---

[10] この散策路の舗石上に次の文章が刻まれている。「奴隷制廃止のメモリアル　15–19 世紀にヨーロッパの諸港から 27,233 回以上の奴隷船の出発が確認された。合計で男女、子どもを含めて 1,250 万人以上がアフリカで捕えられ、アメリカやアンティル諸島に送られた。そのうち 150 万人以上が大西洋横断中に死亡した。奴隷船の派遣のうち 4,220 回以上がフランスの諸港から出発した。送られた人数は 138 万人以上になる。1,800 回以上がナントから出発し、55 万人以上が送られた。この散策路の銘は、ナントの奴隷船とそれらが立ち寄った港の船の名を印す」。なお、フランスの奴隷貿易の実態については、ナント歴史博物館（正式には「ブルターニュ公城博物館」）のほか、ラ・ロシェルの新大陸博物館、ボルドーのアキテーヌ博物館などで見学できる。

[11] O. Pétré-Grenouilleau, *Les négoces maritimes français, 17e–20e siècle*, Paris, 1997, pp.13–17.

(engagés) だった[12]。しかし 17 世紀中葉以降、タバコ、砂糖、コーヒー、インディゴなどの栽培が開始されるにつれて、亜熱帯気候の厳しい環境のもとでの過激な労働はヨーロッパ出身の年季奉公人には不向きで、次第に黒人奴隷に肩代わりされるようになった。その転機は、ブラジルを追われたオランダ人とユダヤ人が砂糖栽培をアンティル諸島に導入した 1650 年代だったとされる。この前後から、黒人奴隷の大量輸送時代が始まったのである[13]。

ここでは、18 世紀の奴隷船の艤装数を示す図 1 をもとに、奴隷貿易のトレンドとその特色を押さえておきたい。その第一は、18 世紀を通じて奴隷船の艤装数が右肩上がりに増加し、18 世紀末に最大規模となったことである。こうした傾向は、フランスの対外貿易の発展のプロセスにおおよそ見合ったものである。第二に、艤装数の年ごとの変動はとても激しく、とくに戦時期には急速に下落していることである。防備の貧弱な奴隷船は、海軍の護衛がないかぎり、海賊や私掠行為に対してなす術がなかった。ただし第三に、戦争の終了と同時に奴隷船の一斉出港という「ブーム」が起きている点も注目に値する。戦時の中断・低迷は、すぐさま戦後の活況に取って代わら

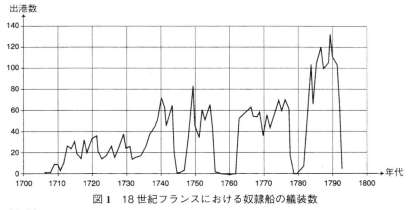

図 1　18 世紀フランスにおける奴隷船の艤装数

（出典）O. Pétré-Grenouilleau, *Les négoces. . .*, *op. cit.*, p.137.

---

12) P. Villiers, P. Jacquin et P. Ragon, *Les Européens et la mer : de la découverte à la colonisation, 1455–1860,* Paris, 1997, pp.76–77.
13) P. Villiers et J. P. Duteil, *L'Europe, la mer et les colonies, 17ᵉ–18ᵉ siècle,* Paris, 1997, p.35.

れたのである。

　より正確に奴隷貿易の流れを辿ってみよう。ル・ブエデクによれば、ヨーロッパ人による奴隷の年平均移送数は、17世紀前半までは1万人以下だったが、17世紀中葉には約1万5千人、18世紀に入ると3万人を突破し、18世紀中葉で約5万人、世紀末には8万人に達した。そのうち、フランス領アンティル諸島にもたらされた奴隷は、18世紀初頭で7,500人だったものが、1740年代には2万人以上、アメリカ独立戦争以降（1780年代）は4万人以上と加速度的に増加しており、全体の供給量の半数をここだけで引き受けるに至っている[14]。その場合、1697年のリスヴィク条約でフランスに正式に編入されたサン＝ドマング（現ハイチ）が決定的な地位を占めるようになった。服部春彦氏によれば、こうした奴隷労働力の増大を背景に、おそらく1730–40年代を境として砂糖やコーヒーなど西インド物産の対ヨーロッパ輸出額は、フランスがイギリスを上回るようになった[15]。アンティル諸島はフランス経済にとってなくてはならぬ、まさしく「カリブの真珠」となったのである。

　このような奴隷貿易の進展は、個々の海港都市や貿易商人の活動だけでは不可能で、もちろんフランス政府をあげての取り組みの結果だった。その先鞭をつけたのがコルベールである。彼は1664年に設立された東西インド会社に奴隷取引の一切を委ねた。コルベールの通商政策は、自由貿易の先進国オランダや、植民地から外国船の一掃をはかるイギリスのクロムウェルの「航海法」に対抗したものだが、1670年の段階で植民地を本国に従属させる方式、すなわち、18世紀フランスの通商政策の基本となる「排他制（Exclusif）」の原型をつくり上げていた[16]。

　とはいえ、奴隷貿易の独占体制は成功したとはいいがたい。早くも1674

---

[14] G. Le Bouëdec, *Activités maritimes et sociétés littorales de l'Europe atlantique, 1690–1790,* Paris, 1997, p.53.
[15] 服部春彦「フランスの工業化と西インド諸島」『シリーズ世界史への問い9　世界の構造化』岩波書店、1991年、83–84頁。
[16] A. Cabantous, A. Lespagnol et F. Péret, *Les Français, la terre et la mer, 13e–20e siècle,* Paris, 2005, p.230. 服部春彦『フランス近代貿易の生成と展開』ミネルヴァ書房、1992年、第5章を参照。

年には頼みの綱だった両インド会社が倒産し、その権限は1674年にセネガル会社とギニア会社、次いで1696年にセネガル会社、1698年に王立サン゠ドマング会社へと目まぐるしく引き継がれていった[17]。特権会社が倒産していった理由は、まずもって政府が奴隷供給の重いノルマを会社に課したこと、その実、アフリカで奴隷を取引・確保するには要塞や商館などを維持し、競合する列強からそれらを守るために厖大な軍事費を負担しなければならなかったことがあげられる。加えて、時期さえうまく選べば、大西洋やカリブ海の航行はさほどむずかしくなかったので、奴隷の密貿易はあとを絶たず、取り締り体制が十分にとれなかったことも一因である。もっとも、後述するように、奴隷はアフリカ沿岸部で容易に入手できるものではなく、奴隷貿易には大きなコストとリスクを伴っていた。この点はイギリスやオランダも同じ状況であり、奴隷貿易に携わった西インド会社をはじめ、王立アフリカ会社、王立冒険アフリカ会社などの特権会社はすぐさま経営危機に見舞われる傾向にある。

　フランスは、スペイン領アメリカへの奴隷供給契約（＝「アシエント」）を王立ギニア会社が獲得した1701-13年間、しばし小康状態を保つことができたが、ユトレヒト条約（1713年）でその権利をイギリスに譲って以降、奴隷供給の抜本的な改革をはかる必要に迫られた。そこから経験則的に生み出されたのが、原則として特権会社が専管するものの、一種の課徴金（植民地に持ち込んだ奴隷1人あたり10リーヴルを徴収）と引き換えに私的な商人に奴隷取引を認めるという苦肉の策だった[18]。「アシエント」の経験をふまえて、特権会社による厳格なコントロールよりも、冒険的な商人に委託した方が効果的であることに政府もおそらく気づいたのだろう。私的な奴隷貿易への転換はヨーロッパ諸国に共通の現象である。ただし、1720年に再建されたインド会社が奴隷貿易の独占権に固執したため、その後も奴隷貿易の「自由化」にはかなりの紆余曲折が伴った。フランスがほぼ完全な自由化に

---

17) G. Le Bouëdec, *op. cit.,* p.56 ; P. Haudrère, *Le grand commerce maritime au 18e siècle,* Paris, 1997, p.73.
18) P. Villiers et J. P. Duteil, *op. cit.,* pp.161-162.

踏み切るには、インド会社の経営破綻（1767年）を待たねばならない[19]。

その一方、海港都市の発展を支援する政府は、1716年の特許状によってボルドー、ルーアン、ナント、ラ・ロシェル、サン=マロの5港に奴隷貿易の特権を付与した[20]。この特許状は、すぐさまオンフルール、ル・アーヴル、マルセイユ、ダンケルクなどに拡大された。さらに政府は、1717年には国内の13港、「排他制」が正式に布告された1727年には国内の20港に植民地との交易を許可した（=「緩和された排他制 Exclusif mitigé」）[21]。それは奴隷貿易の自由化を認めたに等しい方策で、奴隷のアンティル諸島への移送になりふり構わぬ政府当局の姿勢がよく伺われる。次節では、おもに大西洋沿岸の主要港に絞って奴隷船艤装の動きを一瞥しておきたい。

3 大西洋沿岸の海港都市の奴隷貿易とその特色

ル・ブエデクによれば、18世紀フランスの海港都市で艤装された奴隷船の数は、多い順からナント1,447隻（全体の42.2％）、ラ・ロシェル427隻（同12.7％）、ボルドー411隻（同12.2％）、ル・アーヴル399隻（同11.8％）、サン=マロ216隻（同6.4％）となる[22]。以下、ロリアン156隻、オンフルール125隻、マルセイユ82隻、ダンケルク44隻と続く。ここからは、全体の40パーセントを超えるナントの突出ぶりが改めて確認できる。平均値でいえば、ナントは毎年10隻以上の奴隷船を送り出していた計算になる。上位4港を合わせると全体の80パーセントを占めたのである。

もっとも、18世紀を4区分した時期別の数値を示した表1を見ると、ロリアンやサン=マロの退潮とは裏腹に、とくに世紀後半にはボルドー、ラ・ロシェル、ル・アーヴルの進出が目覚ましく、合計ではナントを上回る勢いである。遅ればせながら、地中海貿易の拠点であるマルセイユも急上昇している。元来、大西洋沿岸の諸港はポルトガル人、スペイン人、オランダ人な

---

19) 20) G. Le Bouëdec, *op. cit.*, p.57 ; E. Saugera, *op. cit.*, p.55.
21) O. Pétré-Grenouilleau, *Les traites négrières, essai d'histoire globale*, Paris, 2004, p.173. 服部春彦、前掲書、234–235頁。
22) G. Le Bouëdec, *op. cit.*, p.58.

表1 18世紀フランスの主要港で艤装された奴隷船数

海港都市	1713–44年間	1748–55年間	1763–77年間	1783–93年間
ナント	482	218	359	387
ボルドー	45	46	117	253
ラ・ロシェル	133	54	96	125
ル・アーヴル	17	31	130	167
サン=マロ	56	42	75	25
ロリアン	115	4	−	19
オンフルール	8	2	44	72
マルセイユ	13	1	18	80
その他	16	6	25	4
合計	885	404	864	1,132

（出典）P. Villiers et J.-P. Duteil, *L'Europe, la mer et les colonies, 17ᵉ–18ᵉ siècle*, Paris, 1997, p.180.

ど外国人商人が多く居住し、穀物、葡萄酒、塩など「嵩ばる商品」を北ヨーロッパ諸国に輸送する近海貿易（cabotage）で地歩を築いてきたが、どのような事情からアンティル諸島との交易、そして奴隷貿易へと軸足を移したのだろうか。

　ペトレ=グルヌイヨーの指摘によれば、ナントには新大陸貿易に賭ける理由がいくつかあった[23]。外国人に支配されていた近海貿易に陰りが見える一方、ナント商人が地力をつけてきたこと。けれども、ナントを取り巻く地域にはとりたてて重要な輸出用商品がなかったこと。そのかわり、早くからアンティル諸島への年季奉公人を派遣し、植民地との密接な人的関係が築かれていたことである。ナントに好都合だったのは、インド会社がナントとロリアンに物産の「集散所（entrepôt）」を置いていたことで、政府や会社との緊密な情報交換のうえに交易活動を展開できる強みとなった。ナントが初めて奴隷船を艤装したのは1688年といわれるが、18世紀に入ると本格的な奴隷貿易に乗り出したのである[24]。

　ナントの奴隷貿易には大小さまざまな商人が参加したが、当初からモント

---

[23] O. Pétré-Grenouilleau, *Nantes...*, *op. cit.,* pp.32–38.
[24] O. Pétré-Grenouilleau, *Nantes...*, *op. cit.,* p.39. なお、18世紀前半のナントの奴隷貿易を対象とした次の論考も興味深い。藤井真理『フランス・インド会社と黒人奴隷貿易』九州大学出版会、2001年。

ドゥアン、ジュベール、テリアン、ドルアン、グルー、ベルトランといった有力な貿易商人による系列化があったようである[25]。奴隷貿易を成功させるには、莫大な資金のほか、アフリカやアンティル諸島の詳しい情報、交易や航海に精通した駐在員・船長・船員が不可欠な要素だったからである。この点では、ナント在の外国人の役割も重要だった。藤井真理氏が論じているように[26]、イギリスの名誉革命で故国を追われ、ナントにやってきたアイルランド系（いわゆるジャコバイト）商人であるオシール、ウォルシュ、スタプルトンなどが、ナント商人と人的なネットワークを構築し、奴隷貿易にもかなり深入りしていたのである。

　ナントではしばしば大がかりな奴隷貿易が組織された。オーストリア継承戦争終了直後の1748-51年間の奴隷貿易を分析したミションは、4年間で出港した97隻もの奴隷船が、わずか35人の艤装主（ないし商会）によって運営されていたことを明らかにしている[27]。そのうち、21人が1回限りの航海なのに対し、5人が2回、残りの9人が3回以上で計66回（全体の80％）となり、とくに上位のウォルシュの商会（＝アンゴラ会社）は21回、グルーとミシェルの商会（＝ギニア会社）は18回、ギヨーム・グルー個人、ブーテイエ、ル・ロワがそれぞれ6回となっている。有力な貿易商人は、複数の奴隷船を同時に所有するか賃借して奴隷貿易を機動させていたことになる。

　これもすでに藤井真理氏が言及していることだが、興味深いのは、アンゴラ会社とギニア会社がライヴァル関係にあったことである。というのも、グルーとミシェルが1748年9月に設立したアンゴラ会社が資本金160万リーヴルの大商会で、10隻以上の奴隷船を使役したのに対し、その直後の11月ウォルシュがギニア会社を立ち上げているからである[28]。資本金は何と240

---

[25] O. Pétré-Grenouilleau, *Nantes. . .*, *op. cit.*, pp.49–51 ; id., *L'argent de la traite, milieu négrier, capitalisme et développement : un modèle,* Paris, 1996, pp.18–39.

[26] 藤井真理「近世フランスの港町と外国商人の定着」羽田正（編）『シリーズ港町の世界史3　港町に生きる』青木書店、2006年、185–186頁。

[27] B.Michon, "La traite négrière au milieu du 18e siècle, 1748–1751", dans *Cahiers des Anneaux de la Mémoire,* no–10, Nantes, 2007, pp.49–50.

[28] 藤井真理「ナント商人の奴隷貿易──商事会社の組織形態について」深沢克己（編）『近代ヨーロッパの探究9　国際貿易』ミネルヴァ書房、2002年、96–97頁。

万リーヴルにものぼった。オドレールによれば、アンゴラ会社にはパリの金融業者（パリス・ド・モンテルマル、トゥルトン、ボールなど）、ギニア会社にはインド会社関係者（ミシェル、デュプレクス、コタン、デュヴレールなど）が黒幕となっており、奴隷貿易の利権をめぐる対立が単にナント商人だけでなく、中央の政界・実業界・金融業界をも巻き込んでいたことがわかる[29]。結局、1750 年、双方は獲得した奴隷を同額で均等に分け合う条件で折り合いがつき、その後、これらの会社がナントの奴隷貿易に大きな影響を与えることはなかった。

　ペトレ゠グルヌイヨーは奴隷貿易に特化した商人はナントにはいなかったと述べている[30]。しかしこの事例が示すように、奴隷貿易の自由化という流れにあっても、巨大会社による独占への揺り戻しが生じている事実を忘れてはならない。ナントには 200 人の「ネゴシアン（négociant）」と呼ばれる大貿易商人を頂点に、1,000 人もの商人がひしめいていた[31]。奴隷貿易の企ては、商人が上昇をはかる過程で避けては通れない道筋だったと思われる。

　フランス第二の奴隷貿易港ラ・ロシェルは、ナントよりもはるかに早く、16 世紀末から奴隷貿易を手がけていたといわれる[32]。大きな後背地をもたず、自立的で、プロテスタントの牙城でもあったラ・ロシェルは、大航海時代から新大陸やアジア方面に船を派遣し、アフリカやブラジルでポルトガル人との交わりが深かった。ただ 1628 年ルイ 13 世との戦いに敗れ、都市の自治権を失ったラ・ロシェルにとって、コルベールの海洋政策は都市の再生を賭けるチャンスとなったのである。1670 年代にはアンティル諸島やカナダ

---

29) P. Haudrère, "Projets et échecs de la compagnie française des Indes dans le commerce des esclaves au 18e siècle", dans *Cahiers des Anneaux de la Mémoire,* no-11, Nantes, 2007, pp.77-78.
30) O. Pétré-Grenouilleau, *Nantes. . . , op. cit.,* p.49.
31) G. Saupin, *Nantes au 17e siècle, vie politique et société urbaine,* Rennes, 1996. 近年は大西洋沿岸の主要港の「ネゴシアン＝貿易商人」の実態がかなり解明されている。本稿では十分に触れられないが、ラ・ロシェル、ボルドー、ナントに関する代表的な研究書を列挙する。B. Martinetti, *Les négociants de La Rochelle au 18e siècle,* Rennes, 2013 ; P. Gardey, *Négociants et marchands de Bordeaux, de la guerre d'Amérique à la Restauration, 1780–1830,* Pasris, 2009 ; B. Michon, *Le port de Nantes au 18e siècle, construction d'une aire portuaire,* Rennes, 2011.
32) J. M. Deveau, *op. cit.,* p.17.

の経営に関わるとともに、奴隷船を組織的に送り出している。その数は、1681–1690 年間に 27 隻、1700–30 年間に 48 隻、1730 年代は 70 隻である[33]。1727–59 年間では、全艤装数 1,067 隻の行き先は全方位的で、アンティル諸島 575 隻、カナダ 186 隻、アフリカ 174 隻、ルイジアナ 104 隻、カイエンヌ（ギアナ）28 隻だった[34]。

　ラ・ロシェルに不運だったのは、七年戦争の結果カナダ市場が、その後ルイジアナ市場も失われたことだった。失地回復のため、ラ・ロシェルはアンティル諸島（なかんずくサン゠ドマング）への投資と奴隷貿易に血道をあげるようになった。奴隷船は 1763–77 年間で 88 隻、1783–92 年間で 117 隻に急増している[35]。最大は 1785–86 年の 2 年間で 39 隻であった。こうした過剰な投資・交易活動は 1791 年のサン゠ドマングの反乱で一挙に頓挫してしまった。ラ・ロシェルの商人は財産のすべてを捨てて植民地からの退去を強いられたのである。このあと 19 世紀の奴隷貿易の復活にラ・ロシェルがはたす余裕はなかった。

　ラ・ロシェルで奴隷貿易の主役を務めたのは、オランダ出身のヴァン・オーグヴェルフ（Van Hoogwerff）などを除けば、ラストー、ガレシェ、ブラン、フルリオー、アドミロー、ジラルドーといった貿易商人で、その多くは町の近辺からの移住者だった[36]。現在も残るエスカール通り、ジェイヴリー通りなどの整然とした町並みは、彼らが築いたものである。

　ドゥヴォーによれば、彼らは家族や交友の絆で強く結ばれており、利益とリスクを分かち合っていた。それでも貿易商人には浮沈がつきもので、18 世紀を通じてかなりの新陳代謝があった。奴隷貿易の資金は概して地元で調達したが、世紀後半にはかなり外部資金に頼ったようである。ネラックはボルドーの貿易商人の一族であるし、ボンフィスは艤装費用を親族であるパリの金融業者に依存した。さらに 1750 年頃この町にやってきたヴェイス（Weis）はスイスのバーゼル出身で、高価な物産を扱う取引の傍ら、奴隷船

---

33) *Ibid.*, pp. 15–16 ; M. Augeron et O. Caudron (dir.), *La Rochelle, l'Aunis et le Saintonge face à l'esclavage,* Paris, 2012, p. 18.
34) J. M. Deveau, *op. cit.*, p. 16 ; M. Augeron et O. Caudron (dir.), *ibid.*, p. 16.
35) J. M. Deveau, *op. cit.*, pp. 22–23.
36) J. M. Deveau, *op. cit.*, pp. 35–37.

の艤装、海上保険業などに手を染めるマルチ商人だった[37]。最近の研究では、奴隷船に資金を融通し、場合によっては艤装主ともなるドイツ人、スイス人の存在がクローズアップされている。

　最後にボルドーの奴隷貿易の状況を簡単に見ておこう。ボルドーで最初の奴隷船は1670–80年代に知られている[38]。とはいえ、葡萄酒や小麦粉などの商品を有し、その積み出し港として長らく「受動貿易」に甘んじてきたボルドーが、奴隷貿易に本腰をあげたのは18世紀に入ってから、とくにサン゠ドマングの開発が進んだ1730年代以降であった[39]。ソジュラによれば、艤装数は、草創期の1730–47年間で40隻、発展期の1748–78年間で160隻、絶頂期の1783–92年間には262隻となり、ついにナポレオン時代の1801–02年間には30隻あまりと、ナントを抜いて第一位に躍進したのである[40]。

　マルザガリは、増大する奴隷貿易の原因をこれまでボルドーが得意としてきたアンティル諸島との直行貿易の利潤の低下に見出している[41]。というのも、次のような事態が進行していたのである。①18世紀後半に植民地のコロンの経済的困窮が顕著となり、商人への支払いが滞りがちだったこと。②「緩和された排他制」のもとで、植民地市場をめぐる海港都市や商人間の過当競争が発生したこと。さらに③1784年にアメリカ船にフランスの植民地市場が部分的に開放されたため、ボルドー産よりも安価なアメリカ産の物資が入るようになったこと。このような危機を打開するため、ボルドーは自ら積極的に奴隷貿易に着手し、プランテーションを運営するなど植民地事業に全面的に関わらざるをえなくなったのである。1767年にインド会社が倒産したため、会社の管轄下にあったインド洋方面の東アフリカ、マダガスカル、マスカレーニュ諸島が空白地帯になったことも、その地域への進出を兼ねて、ボルドーの奴隷貿易への傾斜を強めた[42]。

---

37) B. Martinetti, *op. cit.,* pp.130–134.
38) E. Saugera, *op. cit.,* pp.39–44.
39) 40) E. Saugera, *op. cit.,* chap.3.
41) S. Marzagalli, "Bordeaux et la traite négrière", dans *Cahiers des Anneaux de la Mémoire,* no–11, Nantes, 2007, pp.148–149.
42) S. Marzagalli, art.cit., p.149. P. Haudrère, "Naissance d'un trafic : les armateurs bordelais et le commerce au-delà du cap de Bonne-Espérance", dans S. Marzagalli et H. Bonin（dir.）, *Négoce, Ports et Océans, 16ᵉ–20ᵉ siècle,* Paris, 1999, pp.297–301. ↗

なお、ソジュラの研究からは、ボルドーの奴隷貿易商人のプロフィールが垣間見えてくる。その結論に従えば、1685-1826年間に奴隷貿易をおこなったのは186人、460隻にのぼるが、上位の7人で奴隷船の121隻（20.8％）を運航していたのである[43]。1回限りは105人、2回は34人である。最大はネラックの25回、ラフォン・ド・ラデバ15回、クーテュリエ14回、スナとマルシェが11回、ドマンジェとグラディが10回である。もっとも、この数字をもって奴隷貿易に独占が進んでいたとは必ずしもいえない。艤装主は名義人にすぎない場合も多く、また、船の艤装には何人もがリスクを分担しあう「持ち合い株」が一般的だったからである。貿易商人が艤装する1隻1隻の奴隷船についても、数十人の商人仲間が株主や保証人として経営参加していたと推定される。

以上、大西洋岸のナント、ラ・ロシェル、ボルドーの奴隷貿易は、各々の海港都市の個性を背景に伸長していった。自由化という方向のなかでの植民地開発、それを活性化させる奴隷貿易を促進するため、政府は1784年には奴隷船に1トンあたりの補助金（primes）を拠出し、1786年にはサン゠ドマングに移送された奴隷1人あたりに100リーヴルの報償金（subvention）を支払う積極策をとった[44]。従来の課徴金制とは180度の転換である。その成果があってか、サン゠ドマングの奴隷人口は1774年に約24万人、1790年に約48万人と急増した。1790年のマルティニクの奴隷約8万4千人、グァドループの奴隷約8万5千人と比較しても、圧倒的な重みをもっている[45]。こうして、アンティル諸島への過剰ともいえる期待感と投資熱がフランス奴隷貿易の最終的な局面を形づくっていたのである。フランス革命の勃発とほぼ同時に起こる植民地での蜂起や革命運動、そして植民地経済の崩壊に鑑みて、18世紀末の経済活況は「白鳥の歌」と形容されている。

＼　18世紀末のボルドーの発展については、服部春彦氏が著書『経済史上のフランス革命・ナポレオン時代』多賀出版、2009年、第6章で論じている。
43）E. Saugera, *op. cit.*, pp.229-230.
44）O. Pétré-Grenouilleau, *Nantes. . .*, *op. cit.*, pp.137-138 ; E. Saugera, *op. cit.*, pp.92-97.
45）S. Marzagalli, *Comprendre la traite négrière atlantique,* Bordeaux, 2009, p.56.

4　奴隷船の出港にあたって——奴隷船艤装の諸問題

　奴隷貿易がヨーロッパ、アフリカ、アメリカのそれぞれを頂点とする「三角貿易」だったことはよく知られている。ただ、三角形の辺にあたる部分を仔細に検討すると、それぞれの行程ごとに独立した複雑な要素を孕んでいて、それらの組み合わせである奴隷貿易は単純なものではなく、通説的にいわれる高い収益についても疑問が生じてくる。

　奴隷貿易を実施するにあたって最大のネックは、出港してから帰港するまでの期間が1年から1年半（運が悪ければ2年）ととても長いことに尽きる[46]。一般に、奴隷船はヨーロッパの母港からアフリカ沿岸に到着するのに2カ月、アフリカで奴隷を積み込むのに2-5カ月、大西洋の横断に2カ月、カリブ海の植民地での滞在に2-5カ月、そして大西洋を再び横断して母港に戻るのに2カ月を要した。奴隷を満載した大西洋の横断が最大の難事で、多くの奴隷や乗組員が命を落としている。航行上の危険を考慮の外におくとしても、奴隷貿易が成功する秘訣は、いかにアフリカとアメリカでの取引期間を短縮してスムーズに母港に帰還できるかにかかっていた。ここからは、有能な船長や船員の雇用、奴隷貿易にふさわしい船の準備が必要となる。

　長い航海から派生するもうひとつの問題は、奴隷船を艤装するにあたって莫大な費用がかかる点だった。フランスでは船を仕立てる費用を「支度金（mise-hors）」と呼ぶが、それはどのような方法で賄われたのだろうか。また、支度金の一部は船の購入（ないし賃借）、乗組員の給与、乗組員や奴隷の食糧の購入にあてがわれるにせよ、アフリカでの奴隷取引の対価となる積荷（cargaison）を軽視するわけにはいかない。本節では、支度金の大半を占める船と積荷の問題を中心に論じてゆきたい。

　奴隷船はどのような構造をもっていたのだろうか。奴隷船のイメージでもっとも有名なのは、教科書等で馴染みの深い1780年代に活動したリヴァプールの「ブルックス」号（297トン）で、狭い船内に約600人の奴隷が折

46）O. Pétré-Grenouilleau, *Nantes. . .* , *op. cit.*, p.73.

り重なるように詰め込まれた非人道的な様子が奴隷制廃止論者によって強調して描かれている[47]。その信憑性は定かでないが、ナント歴史博物館でも、

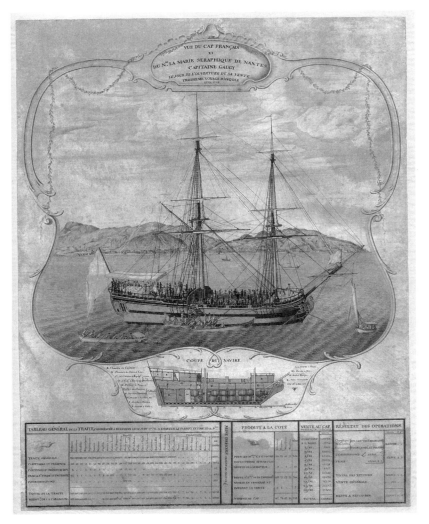

図 2　ナントの奴隷船マリー=セラフィック号（ナント歴史博物館蔵）

---

47) M. Rediker, *Ā bord du négrier, une histoire atlantique de la traite*, Paris, 2013, chap.10.

サン゠ドマングのカップ゠フランセ港沖に停泊する「マリー゠セラフィック」号（150トン、図2を参照）が甲板上でおこなっている奴隷取引の光景と、ブルックス号同様に船内に奴隷がひしめく有様が並んで展示されている。マリー゠セラフィック号の下側には船の断面図もあって、奴隷船を知る上で貴重な手がかりを与えてくれる。

　奴隷船は普通の商船と大きな違いがなかった[48]。新しい船もあれば、廃船寸前の老朽船もあった。大きさもいろいろで、大西洋は時期によっては安定した航海が可能なので、100トン以下の小型船でも奴隷貿易ができなくはなかった。ただし、奴隷船は多くの奴隷を一挙に運搬するのが利益をあげる最大の要点なので、50–100トンの小型船では限界がある。通常は150–300トン級の中型や大型船を用い、18世紀末には500トンを超える船も稀ではなかった。しかし、よく観察すると、奴隷船にはいくつかの構造上の特色があった。そのひとつは船倉が極端に広いことである[49]。船に乗った数百人（乗組員と奴隷）が、アフリカからアンティル諸島まで無寄港で2–3カ月を過ごすのに必要な食糧や飲料水を樽詰めにして収納するスペースが必要だったからである。

　アフリカに到着するとすぐさま、奴隷船では改造工事が始まった。よく知られているように、船倉と上甲板のあいだの中甲板に多くの奴隷を収容するため、中甲板は2段に仕切られたのである。船1トンあたりの奴隷収容人数は平均して1.5–2人なので、200–300トン級の船だと300–500人となる[50]。奴隷の反乱を防ぐため、男性は船首側、女性と子どもは船尾側に振り分けられた。また、奴隷の反乱が船全体に広がるのを恐れて、上甲板の中央部分に

---

48) O. Pétré-Grenouilleau, *Nantes. . . , op. cit.,* pp.66–67.
49) P. Villiers, P. Jacquin et P. Ragon, *op. cit.,* pp.86–87 ; P. Villiers et J. P. Duteil, *op. cit.,* pp.168–169.
50) G. Le Bouëdec, *op. cit.,* p.62 ; P. Haudrère, "La révolte des esclaves à bord des bâtiments négriers français au 18e siècle : essai de mesure", dans M. Augeron et M. Tranchant （dir.）, *La violence et la mer dans l'espace atlantique, 12e–19e siècle,* Rennes, 2004, p.192. オドレールによれば、奴隷船1トンあたりの奴隷の平均値は1.2人だが、ナントは1.8人と高く、この積み込み過ぎが奴隷の大量死や奴隷の反乱を招いたと指摘している。もっとも実際には、オドレールのあげる数値を超えて、奴隷船が1トンあたり2–3人の奴隷を積み込む場合も多かったのではないかと想定される。

「仕切り柵（rambarde）」が設けられた[51]。この仕切り柵の有無が奴隷船であるかどうかの目印となる。前述したマリー=セラフィック号には、メインマストのある箇所に頑丈そうな仕切り柵がはっきりと描かれている。船尾楼にある船長室の真下には火薬庫が置かれ、武器や弾薬は厳重に管理された。船に数門の大砲を装備するのは、敵の軍艦には太刀打ちできないまでも、海賊船や私掠船から身を守るためである。

奴隷船にはどれくらいの人が乗ったのだろうか。一般にフランスからアジアに向かうインド会社船（約1000トン）では約200人、アメリカへの直行船（200-300トン）では約20人が目安だった[52]。一方、奴隷船（150-300トン）では40-50人と、商船の約2倍の人数になる[53]。奴隷船に乗組員が異常に多いのは、ひとえに奴隷の世話や監視を担当する人員が必要だったからである。船を操縦する船長、航海長、水夫たちは結束力の強い旧知・同郷の者で固められていた。それに対して、奴隷の監督を任務とする乗組員は専門的な知識が必要でなく、各地からの寄せ集めだった。

オドレールが算出した数値によれば、仕事の厳しさを反映して、奴隷船の乗組員の死亡率は実に22.6パーセント（5人に1人が死亡）という惨状で、奴隷の死亡率（14.4％）を上回っていた[54]。したがって、アンティル諸島に到着した段階で一定の乗組員は船を降り、もっと雇用条件のよい船に乗り換えようとした。それは船長側にとっても好都合だった。なぜなら、アメリカからフランスに戻るのはさしたる支障もなく、欠員で空いたスペースに西インドの物産を余分に積み込むことで多くの利益が見込まれたからである。船の乗組員の移動はきわめて複雑・多様である。

---

51) O. Pétré-Grenouilleau, *Nantes. . . , op. cit.,* p.67.
52)53) Cf., J. Ducoin, *Naufrages, conditions de navigation et assurances dans la marine de commerce du 18ᵉ siècle,* 2 vol., Paris, 1993 ; P. Haudrère, *Les compagnies des Indes orientales,* Paris, 2006, pp.115-122 ; G. Le Bouëdec, *op. cit.,* pp.88-92.
54) P. Haudrère, "La révolte . . .", art.cit., p.193 ; G. Saupin, "La violence sur les navires négriers, dans la phase de décollage de la traite nantaise, 1697-1743", dans M. Augeron et M. Tranchant（dir.）, *op. cit.,* pp.201-220. 18世紀前半期ナントの奴隷船の状況に関してソパンがまとめた数値を部分的に記しておきたい。1713-20年間、1721-30年間、1731-39年間、1740-43年間の奴隷と乗組員の各々の死亡率は、19.7％と22.9％、13.9％と17.9％、17.1％と19.1％、16.2％と17.7％となり、双方は拮抗している。

奴隷船もよく似た状況だった。アセラによれば、3つの異なる海域で航海をおこなう奴隷船に理想型などありえず、すべて艤装主・船長の考え方次第だった55)。その根底にあったのはもちろん利潤の追求である。新しい船の場合、建造に 3–5 万リーヴルはかかる。1 回切りの奴隷貿易は中古の船で十分で（ただし船の修理が必要なため、結局かなり高くつく）、任務を終えた船はただちに売却された。逆に、継続的に奴隷貿易をおこなう場合は新しい船が望まれた。船は 4–5 回の航海に耐えられるよう船体が樫材で強化され、船底は銅板で覆われた。18 世紀後半になると、海軍から払い下げられた艦船（フリゲート船）を奴隷船に使用する方法もとられた。小型の艦船は船体が頑丈な割に小回りがきき、また、多くの大砲を搭載できるため、海賊船や私掠船が恐れて近づかなかったからだと、アセラは述べている56)。奴隷船の姿が今ひとつ鮮明にならないのは、船の中古市場の存在もさることながら、船が用途に応じて頻繁に改造されたため、ヨーロッパの港では典型的な奴隷船を目撃する機会が少なかったからであろう。

次に検討するのは、奴隷船の積荷である。アフリカでの奴隷取引は、戦争や奴隷狩りで奴隷をかき集めたアフリカ人（部族長や奴隷商人）と、ヨーロッパ人（商人や船長）とのあいだで物々交換の形でおこなわれた。取引の仲介役や通訳を務めたのは混血のポルトガル人（lançados）やオランダ人（tapoeijers）である。部族長たちの歓心を買い、彼らの欲求を満足させるには、通俗的にイメージされるガラス玉、宝貝などのガラクタ品（babiole）ではなく、織物や銃器をはじめ、ヨーロッパで珍重された商品、良質の生活必需品を提供する必要があった。

商品と奴隷の交換の仕方は地域によってさまざまで、マルザガリは、子どもを含めた一定数の男女を「ひと山」単位で売却する例をあげている57)。1767 年のウィダー（現ベナン）では 1 人の成人男子奴隷はブランデー 600 リットル、あるいは、鉄砲 25 丁、鉄棒 40 本、宝貝 10 万枚で取引された。ギニア

---

55) M. Acerra, "Le navire négrier aux 17ᵉ et 18ᵉ siècles", dans *Cahiers des Anneaux de la Mémoire*, no–10, Nantes, 2007, pp.24–25.
56) M. Acerra, art.cit., pp.25–26.
57)58) S. Marzagalli, *Comprendre...*, *op. cit.*, p.68.

湾奥にあるボニーでは、1790年に奴隷1人がパケ（paquet）と呼ばれる商品1箱分で交換された。パケの価値をはかる基準単位はバール（＝鉄棒 barre）で、たとえば、8カドナ（＝食卓盆）が2バール、弾薬箱2個が3バールといった具合である。奴隷1人の価格は64バール、すなわち、平均的なフランスの職人の年収分にあたる320–380リーヴルでとても高価だった[58]。

　ここでは、積荷の典型的な例として、ボルドーの奴隷船を対象に分析したソジュラの研究を紹介しておきたい。ちなみに表2は、1743年にボルドーを出港した奴隷船6隻の積荷の総額とその割合を示したものである。総額約50万リーヴルの内訳は、織物類が約60パーセントと圧倒的で、次いでブランデー（12％）、武器（11％）の順となっている[59]。注目すべきは、6隻のうちの「アミラル」号の積荷である。綿布（ないしは麻布）と見られる織物類の"gingas"、"siamoises"、"cottonilles"、"bajutapeaux"、"salempouris"、"guinées bleues"、"néganepeaux"などがルーアンやナントから、"indiennes"、"liménéas"、"platilles"にいたってはアムステルダムからもたらされた。鉄板、銅板、喫煙用パイプ、フランドル産の小刀もアムステルダム経由の輸入品だった。アフリカ人向けの鉄砲はわざわざロンドンから取り寄せている。また、ブランデーはボルドー北方のサントンジュ方面（とくにコニャックが有名）から、やはりアフリカ人向けの弾薬と奴隷の帽子はラ・ロシェル、油脂はネラックからだった。

表2　1743年ボルドーを出港した6隻の奴隷船の積荷の内訳

船名	積荷（リーヴル）	織物類（％）	ブランデー（％）	武器（％）	金属（％）	その他（％）
Duc de Bretagne	80,750	68.0	16.8	10.0	3.0	2.2
Jupiter	79,265	64.9	7.3	7.6	12.5	7.7
Victoire	31,584	50.2	9.6	30.6	9.5	0.1
Patriarche-Abraham	148,009	58.2	9.2	14.0	1.7	16.9
Fidel	89,192	51.6	14.1	8.7	3.2	22.4
Amiral	76,377	64.6	18.3	6.5	2.6	8.0
平均	－	60.1	12.0	11.3	4.5	11.7

（出典）E. Saugera, *Bordeaux pour négrier, 17ᵉ–18ᵉ siècles,* Paris, 1995, p.247.

---

59) E. Saugera, *op. cit.,* p.246.

ソジュラは、1741–78 年間にボルドーからギニア向けの奴隷船の積荷をより細かく分析している[60]。彼は、数値が正確でないと断りながらも、その内訳（総計は 1,045 万リーヴル）を、未加工の織物（前述した liménéas, indiennes, bajutapeaux, salempouris など綿布中心）が 649 万リーヴル、加工された織物（シャツ chemises、帽子 chapeaux、シーツ draps、ナプキン serviettes など）が 15 万リーヴル、銃器 175 万リーヴル、刃物 6 万リーヴル、アルコール 91 万リーヴル、金属 23 万リーヴル、家具調度品（鏡、小刀、ガラス、食器、レースなど）15 万リーヴル、宝貝 75 万リーヴルと分類している。ここでも 60 パーセントあまりが綿布などの布地で占められている状況に変わりはない。アフリカ人の趣向に合わせて、奴隷貿易の交易品に選定されたのは、まずもってインド更紗などの綿織物、ブルターニュやポワトゥ産の麻織物、次いで鉄砲、刀剣、斧などの武器類、鉄、錫、鉛などの金属類、さらに食器、金物、工具などの日常雑貨類、葡萄酒、ブランデー、スピリッツなどのアルコール類、そして珊瑚、真珠、宝石などの奢侈品であった。

　これらの商品はどこから来たのだろうか。フランスの場合、それらは必ずしも本国で調達できず、ヨーロッパ各地から取り寄せざるをえなかった。たとえば、鉄や鉛などの金属はスカンジナヴィア方面からの輸入品である。日常雑貨品ではオランダやフランドル産が評判を博していた。刃物類もフランス製ではなくイギリス製やフランドル製がアフリカ人に好まれた。鉄砲の場合、フランスのサン゠テチエンヌ、テュル、シャトーブリアンで生産される鉄砲は 10 リーヴルという値段にしては粗悪品が多く、すぐに故障したり暴発してアフリカ人には人気がなかった。彼らが欲しがったのは、値段がほぼ同じでも性能の優れたイギリス製だったので、オランダなどの中立国やダンケルク（自由港）を介してボルドーにもたらされた。弾薬についてもフランス製は品質が劣ったため、しばしばアフリカ人から交換を拒否された。ここでもオランダ製がベストだったのである[61]。

　積荷の価格の過半を占める織物類の交易は、時間の経過とともに大きな変化が生じた。麻織物（toile de lin）をみると、フランスではもともとブル

---

60) E. Saugera, *op. cit.*, p.248.
61) E. Saugera, *op. cit.*, pp.252–253.

ターニュ産が有名で、スペインなどへの重要な輸出品だったが、18世紀以降ハンブルクやブレーメンなどのハンザ商人を媒介として、ドイツのヴェストファーレン産やシレジア産が入ってくるようになったのである[62]。ドイツやポーランド農村の安価な労働力を背景に、これらの製品は廉価だったので、フランスの麻織物業は手痛い打撃を受けた。麻布を扱うドイツ商人エレルマン、ベールなどの活動がロンドン、アムステルダム、スペインのカディスだけでなく、ボルドーやナントでも顕著である[63]。ドイツではフランスに敬意を表したのか、麻布は"bretannies"（ブルターニュ織り）とか、"ruanes"（ルーアン織り）と呼ばれた[64]。

　数量の点でより重要だった綿織物は、17世紀後半以来フランスで絶大な支持を集めていたが、政府は、国内の繊維産業を保護する立場からその輸入を極力禁じ、インドから直輸入された綿織物をロリアン経由でアフリカへの再輸出をはかっていた。それでも、18世紀に入って綿織物がヨーロッパ各地で生産され、国内の需要が高まってくると（密輸品も多い）、政府は1759年に国内生産を認める方向に転換せざるをえなかった[65]。フランスではノルマンディ、アルザス、パリ近郊が新たに綿工業の中心となるが、大西洋岸ではナントがその役割を担った。

　その主役を演じたのは、おもにユグノー系のスイス人だったといわれる。1685年ナント王令の廃止でフランスを追われ、スイスではジュネーヴ、バーゼル、ヌーシャテルなどに移住を余儀なくされたプロテスタントは現地で綿布を生産し、密輸を含めてさまざまなルートを辿ってフランスに送り出していた[66]。ところが1759年王令を機に、彼らはフランスに戻る道をも選択肢に入れたのである。ナントでは地元のランジュヴァンが1758年に最初の綿織物工場を建設したが、やがてスイス系のゴルジュラ、プティピエール

---

62) K. Weber, "Entre coucous et traite des Noirs : la colonie marchande allemande à Cadix, du 17ᵉ au 19ᵉ siècle, stratégie et réseaux familiaux", dans M. Augeron et P. Even（dir.）, *Les étrangers dans les villes-ports atlantiques, expériences françaises et allemandes, 15ᵉ–19ᵉ siècle,* Paris, 2010, pp.272–273.

63)64) Ibid., pp.270–271, p.272.

65) G. Forster, "Les Suisses et la traite négrière, État des lieux et mises en perspectives", dans *Cahiers des Anneaux de la Mémoire,* no–11, Nantes, 2007, p.196.

66)67) Ibid., pp.198–199.

（以上ヌーシャテル出身）、クステル、ペルーティエ、ブルクハルト（以上バーゼル出身）などが相次いで工場を設立し、1785 年には綿織物生産の 70 パーセントまでがスイス系の経営者の工場で占められるほどになった[67]。

　フォルスターやヴェーバーなどの研究を総合すると、フランスにおけるスイス人やドイツ人の活動は 18 世紀末には広範囲に及んでいたようである。彼らは奴隷貿易と密接な関係にある織物の生産・販売にとどまらず、製糖業、ガラス業、金融業などにも携わっていたのである[68]。ボヘミア人、チロル人、西南ドイツ人など海洋交易とはまったく縁のなさそうな内陸部の小商人や手工業者も、時計、菓子、レースなどの販売目的で大西洋岸の海港都市に姿を現した。新大陸のカトリック信者向けの木製のイコン（聖画）がドイツで製造されていたのも興味深い[69]。

　フランスで一定の財産と社会的評価を得た彼らが、やがて奴隷貿易に資金を提供し、奴隷船を艤装するに至ったのは自然な流れだった。彼らは出身地のドイツやスイスの有力な銀行家や金融業者とも連携しており、奴隷貿易の支度金を賄ったのである。ボルドーのドイツ人ではロムベルク（イーザーローン出身）、ハルメルセン（ハンブルク出身）、メッツ（フランクフルト出身）が知られるし、ナントではスイス人のブルクハルト、シモン、ロック、テュルナンジェ、リーディなどの動きが注目される[70]。ラ・ロシェルでも、ドイツ人のヤコブとランベルツ（ブレーメン出身）、ヴィルケンス（Wilkens）のほか、スイス人のヴェイス、ヴィルツ、ブルクハルトなどが「実業＝金融業＝艤装業」を兼務していた。エトマによれば、1770–1830 年間にスイス人が奴隷貿易に関与した比率は約 6 パーセント（フランス全体の艤装数 1,676 隻のうち）で、1719–1830 年間を通じては全体の 2.4 パーセント、合計 17 万人の奴隷を送り込んだのである[71]。

---

68)69)　K. Weber, art.cit., pp.268–269.
70)　P. Even, "Les étrangers dans le port de La Rochelle au 18ᵉ siècle", dans M. Augeron et P. Even（dir.）, *op. cit.,* pp.242–245 ; *Nantes venus d'ailleurs, histoire des étrangers à Nantes des origines à nos jours,* Rennes, 2007, chap.4.
71)　B. Etemad, "Investir dans la traite, les milieu d'affaires suisses et leurs réseaux atlantiques", dans M. Augeron, D. Poton et B. Van Ruymbeke（dir.）, *Les Huguenots et Atlantique, pour dieu, la cause ou les affaires,* Paris, 2009, p.536.

それにしても、そうした現象自体が奴隷貿易を取り巻く環境の厳しさを物語っている。フランスの奴隷の供給地は、17世紀以来のセネガルなど西アフリカ方面が沈滞し、18世紀にはより遠方のギニア湾方面（象牙海岸、黄金海岸、ベナン、ボニーなど）に奴隷を求めざるをえなかった。この地域での奴隷獲得は原則的に自由競争に任されたようだが、諸国の過当競争の結果、成人男性奴隷1人の価格は17世紀で200リーヴル、18世紀中葉では300－500リーヴルに跳ね上がり、18世紀末には1,000リーヴルの大台に達する「高級な商品」となった[72]。ギニア湾一帯で有力な拠点を持たないフランスは、奴隷売買で徐々にイギリスの優勢を許し、18世紀中葉以降コンゴやアンゴラなど西南アフリカに新たな供給地を求めた。そして1770年代になると、ついに喜望峰を回り込んで、アフリカ東海岸のモザンビク方面から奴隷の補給を受けるようになった[73]。フランスの奴隷貿易はあらゆる面で危機的な状況を孕んでいたのである。

5　奴隷貿易の利潤率——今後の展望にかえて

　以上、本稿ではフランス奴隷貿易の概略、より具体的には奴隷船が母港を出発するまでの状況を軸に述べてきた。繰り返せば、奴隷貿易は想像以上に大規模で、資金力と専門的な知識を必要とする独特な仕組みをもっていたの

表3　ボルドーを出港した奴隷船の支度金（mise-hors）

船名	Colibry 号 1749年、80トン		Deucalion 号 1802年、360トン		Projet 号	
支出項目	リーヴル	％	リーヴル	％	リーヴル	％
艤装	25,726	37.3	132,492	49.0	50,000	22.4
前払い	2,331	3.4	6,387	2.0	4,500	2.0
食糧	6,399	9.2	?	?	19,820	8.9
積荷	33,200	48.1	123,920	45.7	144,287	64.7
諸経費	1,353	2.0	7,884	3.0	4,372	2.0
合計	69,900	100	270,693	100	222,979	100

（出典）E. Saugera, *op. cit.*, p.240.

---

72) O. Pétré-Grenouilleau, *Nantes. . .*, *op. cit.*, p.78.
73) E. Saugera, *op. cit.*, pp.103–109.

である。表 3 は、ボルドーを出港した 3 隻の奴隷船を例に、支度金とその内訳を示したものである。平均的な支度金は 17 世紀で約 10 万リーヴル、18 世紀には 20–40 万リーヴルに達したといわれる。この金額は中流ブルジョワの資産額に匹敵する。しかし、奴隷船がいかに用意周到に準備されたとしても、その成否は、奴隷船が無事母港に戻ってきて、決算が終了するまで明確にはならない。三角貿易の 3 辺のそれぞれが問題含みで、偶発的な要素も多く、奴隷の売買やアンティル諸島で入手した商品の本国での売買の結果次第では大きな損失を招く。つまり、奴隷貿易は結果がすべての世界だったのである。したがって、奴隷貿易研究の最大の関心事は、それがはたして儲かったのかどうか、さらに「利潤率（rentabilité）」がどれくらいだったかを正確に算定することにある。ここでは、奴隷船の収支のありさまをいくつか紹介することで、今後の研究の展望につなげてゆきたい。

　ピウフルによれば、1787 年にナントを出航した奴隷船「ドゥ・サール（Deux sœurs）」号の支度金は 319,568 リーヴルで、これに諸経費（商人への手数料、保険料など）34,612 リーヴルが加算された。ただし、この船が母港に戻ったとき、アンティル諸島での特別出費分 56,000 リーヴルと、乗組員への給与未払い分 43,294 リーヴルが追加されたため、総額では 455,474 リーヴルかかったことになる。その一方、「ドゥ・サール」号がサン゠ドマングにもたらした奴隷の売却金額は 441,970 リーヴルだったので、アメリカ到達までの段階では、差引き 11,504 リーヴルの赤字となる。それゆえ、この船の利益の測定はアンティル諸島から母港に持ち帰った商品の金額がいかほどであったかにかかっていた。ところがその金額が不明なので、結果は何ともいえない。この点について、ピウフルは、船が無事に戻った以上、商品売却による利益は 35,000 リーヴルを下らなかったはずだと計算し、その他の売却益を合わせて 50,000–60,000 リーヴルの利益を見積もっている。この船を 15,000 リーヴルで売却できれば、純利益は 7 万リーヴルに膨らみ、35 万リーヴルの投資に対する利潤率は約 20 パーセントとなる[74]。

　ボルドーの艤装主ジャック・ドマンジェは、1789 年にアンゴラ海岸に 3

---

74) G. Pioufre, *Les traites négrières,* Rennes, 2012, p.91.

隻の奴隷船（大型船を想定していた）の派遣を計画し、その収支一覧表を作成した[75]。彼はおそらくこの表をもとに出資者を募ったのだろう。それによれば、あくまで机上の数値ながら、3 隻の支度金は 125 万リーヴルになるが、奴隷の獲得数が最低の 1,550 人でも利潤率は 40 パーセント、中間だと奴隷数 1,700 人で 60–70 パーセント、最高では 120 パーセントの利潤をもたらすとしている。最悪のシナリオとして、もし支度金が 135 万リーヴルと嵩み、1,300 人の奴隷しか確保できないとしても、サン＝ドマングにおいて 1 人あたり 2,400 リーヴルで売れば、諸経費を差し引き、本国では 180 万リーヴルを受け取る勘定になり、利潤率は 32 パーセントにのぼる。もっとも、奴隷 1 人の価格 2,400 リーヴルはやや高すぎるように思われ、この皮算用の実効性はきわめて疑わしい。

　奴隷船は、もちろん成功例ばかりではない。奴隷貿易を熟知していたボルドーの艤装主エリー・トマは、1743 年秋に奴隷船「アミラル」号（第 4 節で言及）を出港させた[76]。その支度金は 13 万リーヴルだったという。ただし、折からのオーストリア継承戦争のため、トマはこの航海を危惧しており、持ち船の経過情報を知ろうとし、あるいは船の保険料を足し増して危険に備えた。けれども彼の予感は的中した。というのも、1744 年秋に彼が得た情報では、アミラル号はアフリカの黄金海岸で奴隷 30 人を失い、マルティニクに移送した 252 人の奴隷の売れ行きも過当競争のために芳しくなく、前年だと 1 人あたり 1,100 リーヴルの成人奴隷の価格が 700 リーヴルに落ち込んでいたからである。さらに悪いことに、1745 年 3 月に砂糖やコーヒーを満載したアミラル号は、大西洋上でイギリス側に拿捕されてしまったのである。トマは用心深い性格だったので、アミラル号以外の船に委託した商品は難を逃れることができたし、合計 57,453 リーヴルの保険料の払い戻しも受けることができた。しかし、かれのアミラル号派遣に伴う損失は 15,000 リーヴル、（別件の事業を合わせた）負債の総額は 1749 年に約 17 万

---

75) E. Saugera, *op. cit.*, p.273. なお、この収支一覧表（prospectus）は、奴隷貿易の実際の収支報告書ではなく、投資勧誘のための「案内書」ないし「ちらし」に相当する。

76) E. Saugera, *op. cit.*, p.282.

リーヴルに達したという。それでも、負債を短期間で解消したのは、さすがに商魂逞しい彼の手腕の片鱗を示すものである。

　上述した3例を見るだけでも、3者3様、奴隷船の収支は各々のケースで大きく異なり、個々の奴隷船の成り行きの総和が奴隷貿易の流れを方向づけているといってよいだろう。概してウィリアムズなど奴隷貿易に批判的な研究者は奴隷船の利益を過大に見積もる傾向にあり、利潤率が 50–100 パーセントにのぼったと論じている。けれども近年のフランスの実証研究はこうした見解に否定的で、年率にしてせいぜい 4–6 パーセントではなかったかと過小に見積もっている[77]。イギリス海軍に守られた幸運なイギリスの奴隷船でも、一般には 10 パーセント以下と評価されている。

　奴隷船の収支や利潤率を計算する作業はとてもむずかしい。そのひとつの理由は、奴隷船が艤装されるたびに一種の「合資会社（commendite）」が設立され、航海が終わると収支決済がおこなわれ、出資分に見合った配当が出資者に還元されて会社が解散・消滅するためである。奴隷貿易に関する史料が残りにくいという事情に加えて、ペトレ゠グルヌイヨーが強調する点は、長い航海という奴隷貿易の性格に付随する状況である[78]。彼によれば、そもそも奴隷貿易の会計は 1 年間で完結しえず、本国での商品の売却までを考えるとしばしば数年間かかった。また、高価な奴隷を現金で購入できない植民地のプランターが増えるにつれて、3–5 年程度のクレジット払いが一般化していたのである。経済の景況次第では、負債を支払えずに零落してゆく貧しいプランターは続出したと思われるので、貿易商人、艤装主、船長など奴隷貿易の企画者側にとっても資金繰りは苦しかったと想定される。18 世紀末には貿易商人の一族がプランテーション経営に乗り出す事例が散見されるが、1790 年代の植民地の暴動によって大きな犠牲を払った。

　その上、奴隷取引が成功した場合、1 隻の奴隷船では持ち帰れない商品は、ほかの船（おもに直行船）をチャーターして積み込まれた。実際の奴隷貿易は、奴隷船と直行船を組み合わせた複雑で綜合的な交易活動だったのである。

---

77) O. Pétré-Grenouilleau, *Les traites négrières. . .*, *op. cit.*, p.318.
78) *Ibid.*, p.332.

結局のところ、奴隷貿易は「賭け」の部分が大きく、海港都市でも上昇志向の強い、一攫千金を夢見る新興の貿易商人が試みるものだったと思われる。ペトレ=グルヌイヨーは奴隷貿易を「賭博資本主義」と呼んでいる。直行貿易は10パーセント程度の利益が確実に見込まれるものの、それ以上ではない。逆に、奴隷貿易は利益が青天井になる点に醍醐味があり、貿易商人たちを幻惑・魅了していたのである。

　本稿は奴隷船が出港するまでに焦点をあてたので、今後はアフリカやアンティル諸島を対象に奴隷貿易の実態をさらに深く抉ってゆきたい。その過程で、奴隷貿易の非人道的なさま、貿易商人のマンタリテ、そして奴隷貿易の利潤率の問題がより鮮明になるだろう。ともあれ、コストとリスクの大きさを乗り越えて、奴隷貿易はアフリカやアメリカを圏内に巻き込み、ヨーロッパ諸国の経済社会を変容させていった。グルーバルな「国境なき資本主義」（プルシャスの用語）の波は、奴隷貿易の世界をも着実に捉えていたのである[79]。

---

79) P. Pourchasse, "L'immigration négociante ou le développement d'un capitalisme sans frontière au 18ᵉ siècle", dans M. Augeron et P. Even（dir.）, *op. cit.,* pp.317–331.

第2節

皇帝ユスティニアノス2世の流転
―― 紀元 700 年のビザンツ北方世界 ――

中 谷 功 治
文学部文化歴史学科教授

は じ め に

　ユスティニアヌス帝（在位 527–565 年）といえば、ビザンツ史の枠を越えた有名人といえるだろう。この皇帝は北アフリカやイタリア、さらにはイベリア半島へと遠征軍を派遣して、地中海の東半分のみを支配するだけとなっていたローマ（よって東ローマと呼ばれる）をふたたび地中海帝国としてよみがえらせた。加えてユスティニアヌスは、法学史上の金字塔となるローマ法大全を編纂させる一方、イスタンブール旧市街に現在も残る巨大建造物、聖ソフィア大聖堂を再建させたことでも知られる。世界史上における巨人の名に値しよう。

　ところで、ビザンツ史にはもう 1 人、ユスティニアヌスという名の皇帝がいた。時代は有名な 1 世より 1 世紀以上後の 7 世紀後半に君臨した人物で、公用語がラテン語からギリシア語にかわっていたこともあり、彼はユスティニアノス 2 世と呼ばれる。

　以下では、このほとんど無名の皇帝の波乱に富んだ生涯を紹介することにしたい。ユスティニアノス 2 世（在位 685–695、705–711 年）は、事績の偉大さでは先代の足もとにもおよばないものの、その執念においては偉大な 1 世に劣らぬ不屈の人物であった。

　ビザンツ史の大きな特徴のひとつに、帝位簒奪が日常茶飯のできごとで

あったことがある。ある皇帝は競技場で見世物あつかいされた上で残酷に処刑され、またある皇帝は視力を奪われて修道院送りとなった。天寿をまっとうできた皇帝は幸運であったというのが実情である。そんなビザンツ皇帝のなかにあって、ユスティニアノス 2 世は政権の座から一度転落したにもかかわらず、追放十年をへてふたたび皇帝として返り咲いた点で非常にユニークな存在であった[1]。

1　皇帝ユスティニアノス 2 世

　ユスティニアノス 2 世は、ヘラクレイオス王朝の 6 代目として、668 年頃に帝国の都コンスタンティノープルに生まれた。7 世紀初頭に初代ヘラクレイオス（在位 610–641 年）が軍事反乱により帝位について以来、ローマ帝国は未曾有の危機に直面していた。聖地イェルサレムやエジプトを含む東方の帝国領の大半を奪ったササン朝に対しては、ヘラクレイオス自身が敵国の本拠を直接攻撃して失地の奪回に成功したものの、彼の治世末に地中海世界に登場したアラブ・イスラーム勢力に帝国軍はシリアで大敗を喫し、皇帝は失意のうちに世を去った。

　それ以後もイスラーム軍の進撃は止むことなく、ユスティニアノス 2 世の父コンスタンティノス 4 世の治世（668–685 年）には 5 年連続で首都コンスタンティノープルが攻撃される事態となった。685 年にユスティニアノス 2 世が 16 歳ほどの若さで父を継ぐころには、帝国には小アジアとギリシア本土を中心とするわずかな領土だけが残るのみとなっていた（図 1）。ただし、破竹の勢いにあったウマイヤ朝も、対外政策上は多方面に攻勢を展開しており、初代カリフのムアーウィア（在位 661–680 年）が死去した後は、ビザン

---

[1] ユスティニアノス 2 世についての研究には、次のものがある。A. N. Stratos, *Byzantium in the seventh century,* vol.5. Justinian II, Leontius and Tiberius, 685–711, (tr.) M. Ogilvie-Grant, Amsterdam, 1980 ; C. Head, *Justinian II of Byzantium,* Madison, Wisconsin, 1972 ; I. Dujčev, Le triomphe de l'empereur Justinien II en 705, in A. N. Stratos (ed.), *Vyzantion : aphierōma ston Andrea N. Strato*（= *Byzance : hommage à André N. Stratos*), 2 vols., Athēnai, 1986. また、G・オストロゴルスキー（和田廣訳）『ビザンツ帝国史』恒文社、2001 年、もかなり詳しく彼の治世について記述している（169–185 頁など参照）。

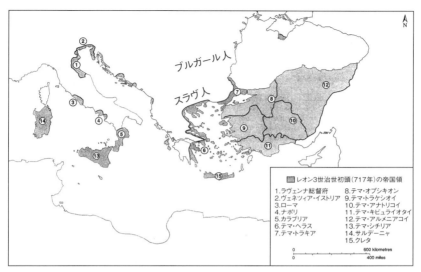

図1　8世紀初頭のビザンツ帝国

(出典) J. F. Haldon, *The Palgrave Atlas of Byzantine History,* London, 2005, p.70：Map 6.2

ツ帝国との関係はおもにアルメニアをめぐっての和平をも含めた一進一退の状態にあった[2]。

　即位早々にユスティニアノス2世の帝国政府は、将軍レオンティオスをアルメニアに派遣し、周辺地域を含めてこれを帝国に服属させて多くの貢納金を獲得した[3]。さらに翌年には若い皇帝自身がアルメニアに出征した。続く688年、西方のバルカン半島においてブルガリアとの和平が取り消され、皇帝は小アジアの騎兵軍団（テマ）をトラキアに渡してブルガリアと「スラヴ人の地（スクラヴィニア）」に出征した。出陣したユスティニアノスは帝国第二の都市テサロニキへと進み、周辺地域に住むスラヴ人たちから捕虜を多

2）7世紀の危機についての基本文献は、J. F. Haldon, *Byzantium in the Seventh Century. the Transformation of a Culture,* revised ed., Cambridge, 1997, 1 st ed. 1990；他に A. Louth, Byzantium Transforming, in J. Shepard（ed.）, *Cambridge History of the Byzantine Empire, c.500–1492,* Cambridge, 2008, pp.221-248 がある。

3）C. de Boor（ed.）, *Theophanis Chronographia,* vol.1, Leipzig, 1883（以下 *Theophanes* と略記), p. 363 AM 6178； C. Mango（ed./tr.）, *Nikephoros Patriarch of Constantinople, Short History,* Washington D. C., 1990（以下 *Nikephoros* と略記), c.38.

数獲得し、小アジア側に移住させた。ただし、帰路においてはブルガリア軍の攻撃を受けて首都に逃げ帰る事態となったという[4]。

さらに691/2 年、皇帝はウマイヤ朝との和平を破棄した。その際、皇帝は以前の西方遠征で獲得し、国内に移住させていたスラヴ人を武装させ、その選抜軍をテマ軍団とともに率いて戦いに臨んだ。けれども、このスラヴ人部隊が敵側に寝返ったため帝国軍は敗退し、これに怒った皇帝は首都近郊でこれらスラヴ人の妻子を殺害したという[5]。

宗教面ではユスティニアノス 2 世は正統信仰の熱心な信奉者であった。691 年から翌年にかけて、彼はコンスタンティノープルで公会議を開催し（いわゆるトゥルッロ公会議）、父コンスタンティノス 4 世が主催した第 6 回普遍公会議（680–1 年）の決定事項の拡充を目指した。けれども、東西両教会の慣習や主導権をめぐる争いから、ローマ教皇はこの会議の決定を批准せず、若い皇帝の面子は傷つけられた[6]。

693/4 年、東方国境でアラブ・イスラーム勢力からの侵攻を受けるなか、皇帝は首都の大宮殿での建築事業に専念していた、と史料は記述している。これを監督したのが宦官で財務長官（サケラリオス）のペルシア人ステファノスであった。また、皇帝が税務長官（ロゴテテス・ゲニク）に任命した修道士のテオドトスにより、帝国民への苛斂誅求は苛烈を極めたともある。同時に、コンスタンティノープルの市総督は皇帝の命を受けて、多くの人を逮捕監禁していた。その結果として、多くの高官たちや首都の傑出した人びとは財産没収の処罰を受けたという[7]。

以上、即位してからのユスティニアノス 2 世は内外においてかなり精力的に活動していた、といえるだろう。ただし、対外面でも内政面でもその成果

---

4) *Theophanes*, p.364 AM 6179–80 ; *Nikephoros*, c.38.5–7. 詳しくは拙稿「ビザンツ帝国のバルカン半島政策（8 世紀後半から 9 世紀初頭）——ニケフォロス 1 世の戦死を考える」（『愛媛大学教育学部紀要』32 巻 1 号，1999 年，15–39 頁）の 19 頁を参照。

5) *Theophanes*, p.366 AM 6184.

6) cf. Head, *Justinian II of Byzantium*, pp.59–79. M・D・ノウルズ他著（上智大学中世思想研究所編訳・監修）『キリスト教史 3 中世キリスト教の成立』（平凡社ライブラリー、1996 年）222 頁。

7) *Theophanes*, p.367 AM 6186.

第 2 節　皇帝ユスティニアノス 2 世の流転　111

はあまり芳しくなかったようで、695 年、治世十年目にしてユスティニアノス 2 世は帝位から転げ落ちることになる。この年、皇帝はかつて東方に派遣した将軍レオンティオス（前述）をギリシア（ヘラス）の将軍に抜擢したが、そのことが政権交代の発端となった。

2　治世 10 年目の権力失墜

　ユスティニアノス 2 世の治世については、7・8 世紀のビザンツを知る際の基本史料である『テオファネス年代記』[8]と総主教ニケフォロス 1 世の手になる歴史書がある程度の情報を提供してくれる。前者は 9 世紀初頭に修道士テオファネスが総主教顧問官であったゲオルギオスから委託され編纂した年代記で、813 年までの出来事を年ごとに記述している。後者はニケフォロスが帝国書記官職にあった 8 世紀後半頃に手がけた歴史記述で、602 年から 769 年までを皇帝の治世ごとに簡潔に記しており、『簡略歴史 historia syntomos』と通称される。

　残念ながら、『テオファネス年代記』と『簡略歴史』は同時代史料ではないが、他に詳しい歴史記述が残されていない。しかも、両者の記述の大部分は酷似しており、記述に際して利用した元史料は同一であったと推測される。それだけに、ふたつの史料を対比しつつ批判的に歴史事実を復元することはあまり有効な手段ではないだろう。それでもユスティニアノスの治世やその前後の時代については、両史料を中心に基本情報を集めることになる。その際には、元になった史料がユスティニアノス 2 世に対してかなり批判的である点にも留意しておく必要がある。

　以上のことを踏まえた上で、皇帝ユスティニアノス 2 世の権力喪失のありさまを、『テオファネス年代記』と『簡略歴史』の記述をもとに見ていくことにしよう。年代は世界開闢紀元 6187 年、現在の西暦でいえば 695/6 年となる。治世 10 年目に入り、ユスティニアノスの年齢も 20 歳台後半となって

---

[8] なお、『テオファネス年代記』の翻訳・注釈書として、C. Mango, & R. Scott (trs.), *The Chronicle of Theophanes Confessor : Byzantine and Near Eastern History, AD 284–813,* Oxford, 1997 がある。

112　第 3 章　ヨーロッパ・地中海海洋世界と異文化遭遇

　かつてユスティニアノス 2 世が東方のアナトリコイ軍団の将軍に任命したレオンティオスは、前述したように高官たちと同じく投獄されて 3 年が過ぎた。けれども、どうしたわけか彼はいきなり釈放され、ギリシア本土のヘラスの地域の将軍に任命される。どうやら、あわただしく 3 隻の戦闘快速船（ドロモン）[9]で首都から出発するように命じられたらしい。

　都を出航する前夜、マウロス地区近くにあるユリアノス港にレオンティオスを旧友が訪ねた。そのなかには、監獄にいたレオンティオスをしばしば見舞い、将来の皇帝位を請け合った 2 人の人物もあった。すなわち、カリストラトス修道院の修道士にして、優れた占星術師であったパウロスとカッパドキア出身で後にフロロス修道院の院長となるグレゴリオスである[10]。

　レオンティオスは彼らに嘆いて言った。

　　「監獄ではお前たちは皇帝位について私に保証したが、今や私の命は悪しき状況下に終わろうとしている。今日のどの時間にも私が死が自分の背後に立っている予感がした」[11]。

　彼らは言葉を返した。

---

9) 帝国の快速船ドロモンについては、J. H. Pryor & E. M. Jeffreys, *The Age of the* ΛPOMΩN : *the Byzantine Navy ca 500–1204,* Leiden/Boston, 2006 を参照。
10) マウロス地区については、R. Janin, *Constantinople byzantine : Développment urbain et repertoire topographique,* Paris, 1964, pp.387–8 を、首都大宮殿の南西に位置するユリアノス港については、P. Magdalino, Medieval Constantinople ; in idem, *Studies on the History and Topography of Byzantine Constantinople*, （Variorum Reprints）, Aldershot, Hampshire, 2007, I, pp.1–111, esp.20–22（The Port of Julian or Sophia）を参照。カリストラトス修道院 Kallistratos とフロロス修道院 Phloros については、R. Janin, *La Géographie ecclésiastique de l'Empire byzantin,* Première partie : Le siège de Constantinople ete le patriarchat oecuménique, tome III, Les Églises et les monastères, Paris, 1969, pp.275–6 ; 495–6 を参照。ここでのパウロスなる人物は、かつて「クレイスラルケス kleisouraches」を勤めたという（cf. Mango & R. Scott, *op.cit.,* p.490, n.2）。
11) *Theophanes,* p.368.30–369.1 AM 6187. なお、ギリシアへの出撃が、どうしてそれほど死に近いものなのかはよくわからない。

「もしもあなたがためらわないのなら、目標はすぐに達成されるだろう。我々だけに耳を傾けて続け」[12]。

この説得を受けて、レオンティオスは権力を奪取する決意を固める。ただちに彼は、手の者を集めて武器を持たせてプライトリオン庁舎の監獄へと向かった。皇帝からの命令を受けて来たとの偽の口上を告げると、勤務していたコンスタンティノープル市総督は門を開けた。なだれ込んだ一行は市総督を捕縛し、監獄内の囚人たちを解放して彼らに武器を持たせた。というのも彼らの多くは勇敢な兵士たちで、6年や8年間（！）も囚われていたから。

彼らを広場に向かわせる一方、レオンティオスは町中に使者を派遣して、

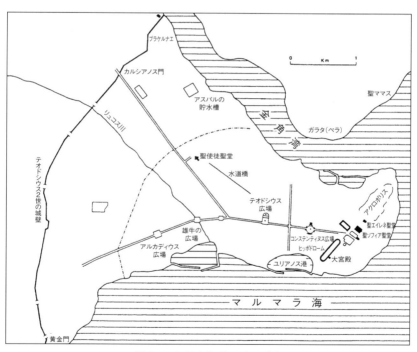

図2　コンスタンティノープル

（出典）C. Mango & G. Dagron (eds.), *Constantinople and its Hinterland*, Aldershot, UK., 1995, p.1 左

---

12) *Theophanes*, p.369.2–3 AM 6187. cf. *Nikephoros*, c.40.

「すべてのキリスト教徒は聖ソフィアへ！」[13]

と集結を呼びかけた。

　群衆が大聖堂の前庭に集まると、修道士たちや友人たちとともにレオンティオスは総主教のカッリニコスに合流するように呼びかけた上で、人びとに対して叫んだ。

「これは、主が設けられた日である」[14]（『詩篇』118：24）

これを受けて群衆は皇帝ユスティニアノスを侮辱する言葉を発した。

「ユスティニアノスの骨を掘り返せ！」[15]

　続いて人びとは馬車競技場であるヒッポドロームに向かい、夜が明けると皇帝ユスティニアノスが彼らの前に引き出された。レオンティオスを皇帝に歓呼する群衆は、前皇帝を剣にて殺すように叫んだ。けれども、レオンティオスは皇帝をその父親への愛着ゆえに助命し、かわりに彼の舌と鼻を切断し（つまり、皇帝として不適格者とし）、クリミア半島の都市ケルソンに追放した。

　皇帝の腹心たちにも厳しい現実が待ちうけていた。新皇帝の意向を無視した首都の人びとは、財務長官で宦官のペルシア人ステファノスと税務長官の修道士テオドトスを捕らえ、彼らの両足を縄で縛って雄牛の広場へと引き回し、そこで焼いたという[16]。

　ユスティニアノス2世の権力失墜については、総主教ニケフォロスの『簡

---

13) *Ibid.*, p.369.14–15.
14) *Ibid.*, p.369.21–22.
15) *Ibid.*, p.369.22–23.
16) 『テオファネス年代記』には、クーデタ発生の直前に皇帝が将軍ステファノス・ルシオスに首都住民を殺すように命じた、というにわかには信じられない記述が記されている。さらに手始めに総主教からともある（*Theophanes*, p.368 AM 6187）。なお、首都でのこのクーデタについては渡辺金一氏が紹介している（『コンスタンティノープル千年──革命劇場』岩波新書、1985年、158–160頁）。

略歴史』も伝えているが、出典が『テオファネス年代記』と同じものだったらしく、上に挙げた記述が簡潔に述べられているだけである[17]。

ともかく、以上の記述はきわめつきにユスティニアノス2世に批判的な立場から書かれているのは明かであるだけに、その点は注意しておく必要がある。

さて、新たに権力を手に入れた元アナトリコイ軍団(テマ)の将軍レオンティオスであったが、その治世は長くは続かなかった。2年後の697年に北アフリカのカルタゴ市がアラブ・イスラーム軍に攻撃・奪取されたとの知らせを受けて、レオンティオスは全ローマ艦隊をパトリキオスのヨハネスに委ねて派遣した。この艦隊はカルタゴを急襲して、町の奪回に成功して越冬した。しかし、翌年にはウマイヤ朝のカリフが艦隊を派遣したため、ビザンツ軍は敗退し、戦場を離れた。故国をめざしたビザンツ艦隊では、帰還途中のクレタ島で将兵たちによる反乱が勃発した。どうやら処罰を恐れたためのようであるが、彼らは新たに艦隊の指揮者の1人、アプシマロスという人物を皇帝に擁立して首都へと攻め上った[18]。

その時コンスタンティノープルでは疫病が流行して混乱しており、そのようななかで反乱軍への内通者が出て城門が開かれた。叛徒となった艦隊の水兵たちは町で略奪をはたらく一方、ティベリオス3世と改名した新皇帝アプシマロスは先帝レオンティオスの鼻を切り落とし、首都内の修道院に監禁した[19]。

3　帝国北方での流浪

この間、鼻をなくし、舌を切られたたユスティニアノス2世は首都のはる

---

[17]　*Nikephoros*, c.40.
[18]　『テオファネス年代記』では「キビュライオタイの提督(ドゥルンガリオス)にしてコリュコス艦隊に属するアプシマロス」(*Theophanes*, p.370.24 AM 6190)、『簡略歴史』では「キビュライオタイの地のコリュコス部隊の指揮者(アルコン)」(*Nikephoros*, c.41.20–22, p.98)とある。両者ともに表現には不明瞭な点がある。cf. Mango & Scott, *Top.cit.*, p.517 n.3 ; Mango, *Nikephoros*, p.199, n.41.21–22.
[19]　*Theophanes*, pp.370–1 AM 6190.

か北方にあるケルソン市[20]に暮らしていた。元皇帝は見た目も変わり、言葉にも不自由していたが、ことあるごとに「自分はもう一度帝権を手にする」と公言していた。どうやら追放地では投獄されたり、監禁状態になったりはしなかったようである。

ケルソン市民たちは元皇帝の放言を見かねて、ユスティニアノスを殺害するかあるいは皇帝のところへ送致するかして対処しようとした。これを知った元皇帝はケルソンからの逃亡をはかった。ユスティニアノスは近隣のゴート人たちの町ドロス[21]にたどり着き、そこから東方の国家ハザール[22]のカガンに手紙を書いて会見を申し出た。

知らせを受けたハザールの君主であるカガン（可汗）は廃位された元ビザンツ皇帝を「大いなる名誉」で受け入れたという。さらに彼はユスティニアノスに自分の妹を妻として与え、彼女は偉大な先代ユスティニアヌス1世の配偶者にあやかってテオドラと改名した。こうして、夫妻はタマン半島の西端の町ファナゴリアに暮らした（図3）。

けれども、このような状態は長く続くことはなく、事態はまもなくティベリオス3世の知るところとなった。皇帝は再三にわたってハザールのカガンに手紙を送り、ユスティニアノスを生きて自分のところへ送致するか、さもなければ彼の首を送るという条件で、多くの金品を約束した。たびかさなる要請にカガンもついにこれに応じることにした。

まずカガンは、ユスティニアノスが同郷人たちの陰謀により殺害されるおそれがある、との口実で彼のところに手の者たちを派遣して、逃亡できないようにした。そのうえでカガンは自身の代理人であるパパチュスなる人物と

---

20) ケルソン（Cherson、ヘルソンとも呼ばれる）については拙稿「中期ビザンツ帝国時代のケルソン——帝国北方外交の展開」井上浩一・根津由喜夫編『ビザンツ交流と共生の千年帝国』（昭和堂、2013年、第3章71–92頁）を参照のこと。
21) この町はクリミア半島南西部にあったとされる。『テオファネス年代記』ではダラスとある（Theophanes, p.370 AM 6196 ; cf. Nikephoros, c.42.7, p.100）。cf. A. A. Vasiliev, The Goths in the Crimea, Cambridge, Mass., 1936, pp.52–55.
22) 7世紀中頃以降に北コーカサス（カフカース）から黒海・カスピ海沿岸部やその北方を領有したトルコ系と見られる遊牧民を中心とする国家。cf. A. P. Kazhdan et al.（eds.）, Oxford Dictionary of Byzantium, Washington D. C., 1991（以下 ODB と略記）, vol.II, p.1127 KHAZARS by O. Pritsak.

第 2 節　皇帝ユスティニアノス 2 世の流転　117

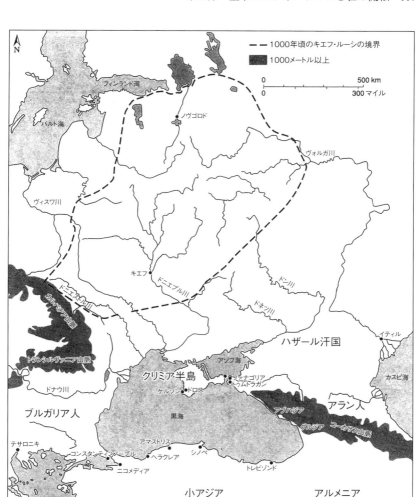

図 3　ビザンツ北方世界
（出典）J. F. Haldon, *The Palgrave Atlas of Byzantine History,* London, 2005, p.110： Map 8.9

キンメリアのボスポロスの司令官であるバルギツィスに連絡し、指示があり次第ユスティニアノスを殺害するようにとの命令を出した。
　けれども、以上の子細はカガンの下僕を通じて妻のテオドラの知るところとなった。妻から身の危険を知ったユスティニアノスはカガンの友人である

118　第3章　ヨーロッパ・地中海海洋世界と異文化遭遇

パパチュスを自分の所へ招き、隙を見計らって絞殺し、同じように司令官のバルギツィスをも殺害した。

　続いてユスティニアノスはテオドラをハザール人の土地へと返す一方、自身は密かにファナゴリアを離れてトミス[23]に移動した。ここから数名の者たちとともに小船に乗り込んで出発し、アッサダからシュンボロンの地へ移動したが[24]、そこはケルソンの近くであった。

　以上の記述からは、元皇帝は単身で行動したのではなく、おそらくは追放されてからも助言者となる人物を常に伴っていたものと推察される。

　さらに、このシュンボロンからユスティニアノスは密かにケルソンにメッセージを送って手下の者たちを集めた。すなわち、バラスバクリオス[25]とその兄弟のサリバス、さらにステファノス、モロパウロス、そしてテオフィロスたちである。ユスティニアノスは彼らとともに出航してケルソンの灯台を通過し、クリミア半島北西のカルキニク湾のネクロペラ[26]を経てダナプリス（ドニエプル）川からダナストリス（ドニエストル）川の河口にいたった。しかし、一行はここで嵐に遭遇する。従者であるミュアケスは彼に言った。

　　「ご主人様。ご覧ください。我々は死にそうです。助かりたいなら神に約束をなされよ。もしも自分に帝国を戻し与えるなら、敵の誰にも復讐はしないと」[27]。

これに対し、ユスティニアノスは怒って返答した。

---

23) トミスはケルチ海峡（キンメリアのボスポロス）の沿岸部のどこかと推測される。Mango & Scott, *op.cit.,* p.551, n.9.
24) *Theophanes,* p.373 AM 6196 ; *Nikephoros,* c.42.31–32, p.102. cf. Mango & Scott, *op.cit.,* p.521, n.10, p.522, n.11. アッサダ Assada の位置は不明、一方シュンボロンは現在の Balaklava とされる。
25) Mango & Scott, *op.cit.,* p.524, n.12. この人物は後に筆頭パトリキオス（爵位）にしてオプシキオン軍団の司令官となった（*Theophanes,* p.380 AM 6203 ; *Nikephoros,* c.45, p.112）。
26) cf. Mango & Scott, *op.cit.,* p.500, n.7, p.522, n.13 ; Mango, *Nikephoros,* p.103, n.34.
27) *Theophanes,* p.373.24–26 AM 6196.

「もしも私が彼らの一人でも助命することがあるならば、神よ我をまさにここで溺れさせよ」[28]。

　結局、一行は嵐を切り抜けてドナウ川に入った。ユスティニアノスは上述の配下の1人であるステファノスをブルガリアの君主（カーン）のテルヴェル[29]のもとに派遣した。カーンへの伝言は、もしもユスティニアノスが帝権を再び手にするのを支援してくれるなら、見返りとして多くの贈り物と自らの娘を与える、というものであった。これに対してテルヴェルは宣誓をなし、あらゆる助力を約束して、栄誉をもってユスティニアノスを受け入れた。こうして、翌年にテルヴェルはブルガリア人の全種族と服属するスラヴ人たちをともない、元皇帝を押し立てて帝都コンスタンティノープルへと進撃した。

　ブルガリア軍と元皇帝一行は首都のカルシアノス門（現エディルネ門）からブラケルナイ地区に沿って野営した。ユスティニアノスは、自らを皇帝として受け入れるように三日のあいだ首都側に訴えたものの、住民たちは元皇帝に侮辱の言葉を投げつけるばかりで、どのような条件をも拒否した。

　そこでユスティニアノスは夜に小数の手の者たちと密かに町に通じる水道を通って侵入した。町に入った一行は、

「骨を掘り上げろ！」

との叫び声を上げた。ユスティニアノスは、しばらくブラケルナイ宮殿に滞在しながら、最終的に首都コンスタンティノープルの制圧に成功する。こうして、ユスティニアノスの10年近い流転の日々は終わった。

4　二度目の治世

　帝位に返り咲いたユスティニアノス2世は、約束どおりブルガリアのカー

---

28) *Ibid.*, p.373.27–28.
29) *ODB.*, vol.III, p.2026 TERVEL by P. A. Hollingsworth.

ン・テルヴェルに皇帝の外套を与え、皇族の爵位カイサル（副帝）をもって遇した。首都の人びとは、並んで座る両名に敬意を表するよう命じられた。

　首都から逃亡していたティベリオス 3 世は捕えられ、同じく幽閉中だった前帝レオンティオスともども町中を引き回された。馬車競技場（ヒッポドローム）において 2 人は玉座に座る皇帝の足下に引き出され、ユスティニアノスは左右それぞれの足で両名の首を踏みつけながら最初のレースを観戦した。興奮した民衆は、

「あなたは、コブラとバシリスクを足下に置き、そしてあなたは獅子と蛇を踏みつけた」[30]（詩篇 91：13）

と叫んだ。

　2 人の元皇帝はその後、刑場のキュネギオンで斬首となった。さらに、ティベリオス 3 世の兄弟でアナトリコイ軍団の将軍のヘラクレイオスが絞首刑に処され、また彼の将校たちも城壁に吊された。ユスティニアノス 2 世は自分の廃位に関係した者たちをも厳罰に処し、簒奪者にくみした総主教カッリニコスも視力を奪った上でローマへ追放した。新しい総主教には、ユスティニアノスの復位を予言したアマストリスの島の隠者であるキュロスが任命された。このように、皇帝の復讐は文武を問わず多数の者たちにおよんだから、「すべての者は大きな恐怖にとらわれた」[31]という。

　続いてユスティニアノス 2 世は、ハザールの土地から妻を呼び寄せるために艦隊を派遣した。ところが、多くの船が途中で乗組員とともに沈んだ。これを聞いたカガンは彼にメッセージを送った。

「おお、愚か者よ。このように大勢を殺すことなく、2、3 隻の船で妻を連れて行くことはできなかったのか。戦争によってでも彼女を連れて行こうと考えているのか。見よ、汝に息子が生まれた。使節を送って彼ら

---

30) *Theophanes*, p.375.11–12 AM 6198.
31) *Ibid.*, p.375.20–21.

を連れて行くがよい」[32]。

そこでユスティニアノスは侍従（クビクラリオス）のテオフィラクトスをあらためてハザール国へと送り、テオドラと息子ティベリオスを連れ帰らせた。

ユスティニアノス2世の二度目の治世について、史料はあまり詳しい情報を伝えてくれない。ただ、708年頃に皇帝はあれほど世話になったブルガリアとの和平を破棄して、カーンのテルヴェルに向けて艦隊や小アジアのテマ軍団を動員して遠征したと伝える。しかし、帝国軍は敗退し、皇帝は首都に逃げ帰った[33]。ただし、この後の711年にはブルガリアからの部隊の派遣を要請している事実もあり、この遠征の真偽ははっきりしない。

それ以外では、同じ頃にイスラーム軍が帝国領の国境地帯に侵入し、皇帝が派遣した将軍たちを打ち破ってテュアナ市を陥落させた、などとあるくらいである[34]。

そして史料の記述は早くもユスティニアノス2世の権力失墜の経緯へと進む。

5　3度のケルソン遠征とその顛末

710年、皇帝はかつて自分が追放されたケルソンへの報復を計画した[35]。ユスティニアノス2世はこの後3度にわたりケルソン方面に艦隊を派遣することになるが、この遠征については例外的に詳しい情報を『テオファネス年代記』と『簡略歴史』の両史料は伝えている。やや冗長となるが、その経緯

---

32) *Ibid.*, p.375.23–26. cf. *Nikephoros*, c.42.
33) *Theophanes*, p.376 AM 6200. cf. *Nikephoros*, c.43.
34) *Theophanes*, p.376–7 AM 6201；*Nikephoros*, c.44（『簡略歴史』においては、その後、遠征軍の一部は首都対岸のクリュソポリスまで進撃したと伝えている）。さらに翌年にも侵入があったとある（*Theophanes*, p.377 AM 6202）。
35) 史料はケルソン市とならんで「クリマタ」の住民への敵対心に言及している（*Theophanes*, p.377 AM 6203）。「クリマタ」とは、ギリシア語での原義は「地方 regions」で、ケルソン市と同義かその周辺地域を指すと推測されるが、詳細は不明である。cf. *ODB.*, vol.II, p.1133 KLIMA by Kazhdan.

を確認していこう[36]。

　まず第1回目の遠征について。皇帝はかつてケルソン市の人びとから受けた仕打ちを思い出し、懲罰のための遠征軍を派遣した。遠征軍の指揮者にはパトリキオスの爵位をもつ2人の人物、マウロスとステファノス・アスミクトスが選ばれた。皇帝は首都の元老院議員・役人・職人・庶民たちから資金を調達して、あらゆる種類の艦船――すなわち快速船のドロモン・三段櫂船・輸送船・釣り船そしてケランディオン船[37]――からなる大艦隊を編成して首都から送り出した[38]。遠征軍に与えられた命令は、ケルソンの住民をすべて虐殺し、誰一人生きて残すな、というものであった。

　ユスティニアノス2世の常軌を逸したと思われるこの命令について、どのように考えればいいのか。皇帝は新たなケルソン市の長官（アルコン）にスパタリオス位のエリアスを指名しているので、住民全体の抹殺はありそうにない。ただし、類似例として彼は最初の治世の最後の年に、パトリキオス位の将軍ステファノス・ルシオスにコンスタンティノープル総主教から始めて町の人々を殺すように命じた、と『テオファネス年代記』は伝えている[39]。このような命令が首都に混乱を引き起こし、レオンティオスのクーデタにつながったと推測される。しかし、この記事もやはりユスティニアノス2世を誹謗するためのものである可能性もある。残念ながら、真実は藪のなかである。

　ともかく、ケルソン市に到着した遠征軍は、抵抗を受けることもなく町と付近の要塞を占領した。兵士たちは命令どおり町の住民を手にかけたが、子どもについては奴隷にする目的で生かしておいた。さらに、「ケルソンの長官（アルコン）で（ハザールの）カガンの代理」であるトゥドゥノス[40]と

---

36) この海上遠征についてより詳しくは、拙稿「（研究ノート）ビザンツ艦隊をめぐる考察――7世紀後半‐8世紀初頭を中心に」『史林』94-4、2011年、81-84頁を参照。
37) *ODB.*, vol.1, pp.517-8 CHELANDION by E. McGeer & Kazhdan.
38) *Theophanes*, p.377 AM 6203. 類似の記述をしている『簡略歴史』では、総兵力は10万人で徴募登録のない首都の住民たちも駆り出された、とある（*Nikephoros*, c.45）。
39) *Theophanes*, p.368.15-18 AM 6187.
40) Toudounos については、Mango & Scott, *op.cit.*, p.530 n.6 を参照のこと。

第 2 節　皇帝ユスティニアノス 2 世の流転　123

「家系による市民の第一人者」のゾイロス、さらに他のケルソンの 40 名の傑出した人びとは、その家族とともに囚人として皇帝のもとに送られることになった。その一方で、優れた 7 名の人物については木の杭にくくりつけた上で火あぶりにし、別の 20 名を後ろ手に縛りケランディオン船の櫂に紐でつなぎ、船を石で一杯にして海に沈めたという。

　このような残虐な措置にもかかわらず、知らせを受けた皇帝は子どもが助命されたことに激怒し、遠征軍に大急ぎで戻るように命じた。そこで艦隊は 10 月に首都に向けて出帆したが、おりからの嵐のためにほとんどの船が沈没し、死亡者は 73,000 人に上ったという。『簡略歴史』は、溺れ死んだ者たちが黒海沿岸のアマストリス市からヘラクレイア市までの海岸にうち上げられたと伝えている[41]。

　この知らせを受けた皇帝は、嘆くことなく喜びに満たされたのだという。そしてユスティニアノス 2 世は、別の艦隊を送って住民を最後の者まで徹底して殺害する決意を固めた[42]。事態を知ったケルソンに残る人びとは皇帝に対抗する覚悟を決め、これに前述のケルソン長官となったエリアスやこの町に追放されていたバルダネス[43]も加わった。叛徒たちはハザール国のカガンに書簡を送り、町を防衛するための軍隊の派遣を要請した。

　一方、手元にあった艦船の大半を先の遠征に投入していたユスティニアノスは、若干の快速船ドロモンを派遣することにした。司令官はパトリキオス位で税務長官のシリア人とのあだ名をもつゲオルギオスと市総督のヨハネス

---

41) *Nikephoros*, c.45.
42)『サムエル書Ⅰ』25：22, 34；『列王記Ⅰ』2：24；14：10, 16；11, 20：21.
43) バルダネスはパトリキオスの爵位をもつニケフォロスの息子であったが、かつてカリストラトス修道院の隠修士から将来の皇帝位の予言を受けた。夢で鷲が彼の頭に影を落としたことがきっかけであった (*Theophanes*, p.372 AM 6194)。しかし 695 年に 1 世紀近く続いたヘラクレイオス王朝は打倒されたものの帝位についたのはレオンティオスであった。そこでバルダネスは隠者のところへ再び出向いた。隠者は「急ぐな。まだ（時は）来ていない」と答えた。3 年後に再度簒奪がありアプシマロスが皇帝となった時にも、隠者は再び「急ぐな。そのことは汝を待っている」とさとした。しかしある日、バルダネスは自分への予言を友人に話したため、これが皇帝の知るところとなり彼はムチで打たれ、剃髪のうえでケファロニア島に追放され、今回ケルソンへと配流先が変更となったのである (*Theophanes*, p.381 AM 6203)。

で、それにトラケシオイ軍団の師団長（トゥルマルケス）クリストフォロスが指揮する 300 の兵が加わった。彼らには捕虜となっていたハザールのトゥドゥノスと元ケルソンの「第一人者」のゾイロスが同行した。皇帝は彼らをケルソンでのかつての地位に復帰させつつ、カガンには詫びを入れて反乱を起こしたエリアスとバルダネスを連行してくれるように要請した。ユスティニアノス 2 世は口先ではあいかわらず過激な言動を行っていたが、ケルソン人やハザールのカガンに対し闇雲に昔の恨みをはらすことは断念したものと推測される。

　2 度目の派遣部隊に対し、ケルソン市の住民たちは当初は交渉を拒否した。翌日になって司令官たちだけを町に招き入れたが、これはワナで、城壁内において税務長官と市総督は殺害された。一方、トゥドゥノスとゾイロスそして兵士 300 名を率いる師団長はハザール国へと向かったが、途中でトゥドゥノスが死亡するとハザール人たちは彼ら全員を殺した。以上の経緯を受けて、ケルソンや他の町の人々はユスティニアノスを呪い、追放されていたバルダネスをフィリッピコスと改名して皇帝として歓呼した。

　遠征部隊壊滅の知らせを受けたユスティニアノスは激怒した。彼はエリアスの子供たちを母親の膝のうえで殺害させ、彼女をインド人の彼女自身の料理人と結婚させたという。そのうえで皇帝はさらに別の大艦隊を準備した。司令官には再びマウロス・ベッソスが任命された。今回は艦船に攻城兵器も搭載され、ケルソンの市壁や町全体の破壊と住民全員の虐殺が指示された。

　この大艦隊はケルソン市に到着するとただちに町への攻撃を始めたが、まもなくハザール軍が到着したため、戦闘は休止された。この機会に皇帝僭称者のバルダネス＝フィリッピコスはカガンのもとへと逃亡した。一方、包囲に失敗し、ユスティニアノスのもとに戻った際の処罰を恐れた司令官マウロスは、ケルソン人と協定を結ぶ決意をした。すなわち、彼や遠征軍もユスティニアノスに対して呪いの言葉を発し、フィリッピコスを皇帝と宣言したのである。そして彼らはハザールのカガンに使者を送り、フィリッピコスを彼らに送り返すよう求めた。これに対し、カガンは自分を裏切らないとの宣誓を求め[44]、その保証として 1 人につき 1 ノミスマの金貨を支払うように要

---

44)『簡略歴史』では、カガンはフィリッピコスの安全を軍隊に求めたとある。

求した。これが即座に実施されるとフィリッピコスを正式に皇帝として受け入れた。

　首都のユスティニアノス 2 世は派遣した艦隊からの連絡が途絶えると、情勢をさぐるためにオプシキオンとトラケシオイのテマ軍団からの部隊を率いて黒海沿岸の都市シノペまで進んだ[45]。けれども、ケルソンからの反乱軍艦隊がフィリッピコスを擁して首都に向かっているのを知ると、ブルガリアのテルヴェルから派遣されていた 3 千名の兵士たちが駐屯する首都近郊のダマトリュスへと戻った[46]。

　これに対し、いち早く首都を掌握したフィリッピコスは、ただちに艦隊司令官だったマウロスとスパタリオス位のヨハネス・ストルトスをブラケルナエ地区の聖母教会に派遣して皇帝の息子ティベリオスを殺害させる一方、ユスティニアノス 2 世に対してはエリアスを指揮者として軍隊をさし向けた。ダマトリュスに到着したエリアスは、皇帝にしたがう将兵には罪に問わないと呼びかけ、ブルガリア兵たちにも無事の帰還を約束したから、彼らはフィリッピコス側に寝返った。見捨てられたユスティニアノスに対してエリアスは襲いかかり、首をつかんで短剣で切り落としたという[47]。ユスティニアノスが殺害されたのは 711 年 11 月のことであった。彼の首級はスパタリオス位のロマノスの手でまずはフィリッピコス帝のもとに、その後はローマにいたる西方諸国へと送り届けられた。

　こうしてユスティニアノス 2 世はその波乱に満ちた生涯を終えた。

おわりに

　ユスティニアノス 2 世に代わって帝位についたバルダネス＝フィリッピコ

---

45) 『簡略歴史』ではブルガリア兵 3 千とオプシキオン軍をダマトリュス Damattrys と呼ばれる平原に野営させたうえで、他の部隊（トラケシオイ軍団兵か？）とギンギリッソス Gingilissos という村まで黒海沿岸を進んだとある（Nikephoros, c.45.70–80, pp.110, 112）。
46) 首都対岸、現 Samandra と推測される。cf. Mango & Scott, op.cit., p.531, n.11.
47) それ以外に、パトリキオス位の筆頭で、オプシキオン軍団の司令官のバラスバクリオスや元皇帝の支持者たちも捕らえられ、その全員が処刑された。

ス帝の治世も長く続かず、2年後には首都でクーデタが発生して官僚出身のアナスタシオス2世が即位し、彼もその2年後にオプシキオン軍団の反乱によって退位した。さらにオプシキオン軍団が皇帝に擁立したテオドシオス3世も、やはり2年後にアナトリコイ軍団の将軍レオン（3世）によって退位に追い込まれた。

　ユスティニアノス2世に対するクーデタに始まった7世紀末から8世紀初頭の混乱は、717年から1年間継続された首都包囲戦を戦い抜いたレオン3世（在位 717–741年）によって終止符が打たれ、新たにイサウリア王朝が始まる[48]。

　ユスティニアノス2世の治世はビザンツ史においてどのような意味を持つのか。残念ながら史料記述は彼を酷評しており、それを信用すると彼は狂気を帯びた統治者というイメージを植え付けられかねない。とはいえ、かつてユスティニアノスについてのモノグラフを著したC・ヘッドの努力にもかかわらず、ビザンツ史における2人目のユスティニアノスの事績に高く評価できる要素は乏しい。

　ただ、キリスト教の教会政策においては、正統信仰を信奉する点で彼の活動は無視しえないものがあった。先に述べたように、トゥルッロ公会議の決議において、8世紀に大きな問題へと発展する聖画像（イコン）についてその役割を積極的に評価したことは注目に値する。この方針を裏付けるように、ユスティニアノスは貨幣に自身の肖像とあわせてキリスト像を帝国史上はじめて刻印したことで知られる（図4）。

　また、彼の第2治世ではローマ教皇との良好な関係が維持されたらしく、711年には教皇コンスタンティヌス1世（在位 708–715年）がコンスタンティノープルを表敬訪問している。出征中のユスティニアノス2世とは首都近郊のニコメディアで会見したようだが、ローマ教皇が東方にいる「ローマ皇帝」とあいまみえるのは、帝国最末期のイタリアでの事例を除けばこれが

---

[48] 詳しくは、拙稿「レオン3世政権とテマ」『関西学院史学』（38号、2011年、1–27頁）を参照のこと。

最後であった[49]。

　ユスティニアノス2世の流転の生涯は、ビザンツ史上どのような意義を持つであろうか。皇帝のケルソン配流と執念による再登極、一見したところではこれらは興味深いエピソードではあっても、歴史上の意義があるようには思えない。この皇帝の治世を単独で意義づけことは、どうも困難なようである。

　一方で彼の家系の初代ヘラクレイオスが610年に即位してから、711年にユスティニアノスが殺害されるまでの百年、7世紀という長めの時間に着目するならば、そこには時代の大きな転換点を迎えたビザンツ帝国の姿を垣間見ることができる。王朝歴代の皇帝たちの事績は、新たな時代を迎えたビザンツ帝国の世界を明確に示してくれる。

図4　ユスティニアノス2世のノミスマ金貨
皇帝が単独の上が第1治世、息子と2人で描かれている下が第2治世
（出典）W. Wroth, *Imperial Byzantine Coins in the British Museum,* Argonaut, 1966

49）L. Dechesne（ed.）, *Liber pontificalis,* vol.1, 1886, p.390.

初代のヘラクレイオス帝（在位 610-641 年）はササン朝との死闘のなかで、2 世紀ぶりに軍隊を率いてアルメニア方面に出征し、敵の本拠地に近いニネヴェの戦いに勝利した。けれども、治世末期にアラブ・イスラーム勢力との決戦のために東方に出陣した際には、大敗の後にシリアから退くことになった。アルメニアを除くオリエント世界との決別である[50]。

ヘラクレイオス帝の没後、実質的にその跡目を継いだのは孫のコンスタンス 2 世（在位 641-668 年）であった[51]。彼も成人後に遠征に出るが、それはまずはアルメニア方面であった。アラブ・イスラーム勢力とのあいだで小アジア東南部のタウルス山脈が国境線となる一方、アルメニアは両勢力の緩衝地帯となり、この後、多数のアルメニア人が帝国領内に流入して政治を中心に重要な役割を演じた。本稿が取り上げた皇帝バルダネス＝フィリッピコスはアルメニア系の有力者であり、これ以降もビザンツ帝国の政治はアルメニア人の活躍抜きには語れなくなる[52]。

その後、663 年頃にコンスタンス 2 世は西方へと出征し、実に 2 世紀ぶりに皇帝が永遠の都ローマを訪問することになった。そしてこれ以後、ギリシア語を母語とする「ローマ皇帝」がローマを訪れることはなくなる（最末期を除く）。しかし、皇帝はわずか 12 日間しか旧都には滞在しなかった。コンスタンス 2 世は南イタリアをへてシチリア島へと渡り、668 年に暗殺されるまで数年間ここに拠点を定めることになった。地中海の中程に位置するシチリア島は、この後の中世期に激動と呼んでよい歴史をたどることになるが、9 世紀まではビザンツ帝国の統治下にとどまった。

コンスタンス 2 世の長男コンスタンティノス 4 世（在位 668-685 年）は、父の死後、ふたたびコンスタンティノープルを中心に政治を展開することに

---

50) ヘラクレイオス帝の治世についての最新研究としてはケーギのものがある。W. E. Kaegi, *Heraclius, Emperor of Byzantium,* Cambridge/New York, 2003.
51) 641 年にヘラクレイオス帝が死去すると、息子のコンスタンティノス 3 世（長男）とヘラクロナス（異母弟）が継承したが、同年の長男の死去を受けた政争をへて、彼の息子（ヘラクレイオスの孫）のコンスタンス 2 世が帝位についた。井上浩一『ビザンツ皇妃列伝　憧れの都に咲いた花』白水社、2009 年（初出、筑摩書房、1996 年）の第 3 章の後半を参照。
52) ビザンツ帝国におけるアルメニア人の活躍については、古いが次の文献が基本となる。P. Charanis, *The Armenians in the Byzantine Empire,* Lisboa, 1960.

なったが、その首都を670年代に毎年のようにアラブ・イスラーム軍が封鎖・攻撃した。いまや首都コンスタンティノープルの存亡は帝国の命運を左右するほどにその重要性を高めていた。結局、今回も、そして717年からの最大規模の首都攻撃も帝国軍は撃退に成功し、最終的にビザンツ帝国は生き残ることになった。

　そして、ヘラクレイオス王朝最後の皇帝ユスティニアノス2世は廃位されてケルソン市に配流され、さらにハザール国やブルガリアなど、後にビザンツ北方世界を形成する地域を流転した。

　以上、ヘラクレイオス王朝の皇帝たちの活動を眺めると、偶然のことではあるが8世紀以後のビザンツ帝国の新しい世界を見渡すことができるのである。

第4章

アジア海洋世界と異文化遭遇

第1節

済州島研究の先駆者　泉靖一
―― 『済州島』をめぐって ――

山　　泰　幸
人間福祉学部教授

1　『済州島』と泉靖一

　2015年は、著書『済州島』で知られる、済州島研究の先駆者、文化人類学者の泉靖一（いずみ　せいいち1915–1970）の生誕百周年に当たる。『済州島』が出版された1966年当時、泉はアンデス考古学の華々しい成果によって世界的に著名な学者であり、戦後日本における文化人類学の発展と啓蒙に活躍していた有名な東京大学教授であった。「アンデス考古学で有名な文化人類学者で東京大学教授」、これが泉靖一の一般的に知られた顔であった。

　学者としての名声を獲得し、成功を遂げた泉に、転機が訪れる。『済州島』「まえがき」には、「昨年にはいって、東洋文化研究所がその紀要別冊として、これまでの私の済州島にかんする研究をとりまとめ刊行することになったとき、もう一度現地をみたいという望みが強くおこってきた」とある。「昨年」とは1965年のことである。この年、日韓基本条約が締結され、日韓国交正常化が行われ、これを契機に、朝鮮半島での研究調査の再開の目途が立ち、泉は済州島を再訪し、その成果も組み入れて、『済州島』を出版することになる。

　泉靖一は、戦前、植民地朝鮮で育ち、当時の京城帝国大学で学び、人類学者となった数少ない人物であった。戦中および敗戦後の混乱によって、出版

不可能となっていた、泉の卒業論文「済州島－その社会人類学的研究」が、その後の復興と経済成長および、それを彩る泉靖一の世界的な活躍と、日韓国交正常化によって、著書『済州島』として、復活することになったのである。

本稿では、済州島研究の先駆者である泉靖一の著作『済州島』をめぐって、人類学者泉靖一と済州島との関係について考えてみたい。

2 『済州島』の構成

では、『済州島』は、どのような構成を取っているのだろうか。第一部は、京城帝国大学の卒業論文「済州島－その社会人類学的研究」（1938年3月卒業）を元にしている。第一部の元になった卒業論文が可能になった背景は、当時、朝鮮半島が日本の植民地統治下にあったことがあげられる。泉靖一の父親、泉哲は京城帝国大学教授であり、泉は幼少期から京城（現在のソウル）で過ごし、京城帝国大学で学んでいたからである。その意味で、この卒業論文が、植民地主義的状況の産物であることは否定できない。「野帳や粗資料としての統計の大部分は、敗戦による引き揚げのときに失われているので、主としてそのころの論文によらざるを得なかった」（「まえがき」）とあり、ほぼ卒業論文のままと考えられる。この卒業論文は、指導教官の秋葉隆教授の紹介で、民族学界のパトロン的存在であった渋沢敬三からアチック・ミューゼアムから出版の約束をしてもらっていたが、戦中戦後の混乱によって実現できないままとなっていたものである。

そのために、現役の東京大学教授の著書とはいえ、30年前の学生の卒業論文が出版されるという異例のことが行われることになった。

第一部の目次は次の通りである。

第一章　自然環境
　第一節　地質　第二節　地形・水系・海流　第三節　気象　第四節　植物および動物　第五節　総合
第二章　村落の研究

第一節　住民と歴史　第二節　部落の分布状態とその性格　第三節　村内における姓氏　第四節　村落と職場　第五節　交通　第六節　総合
第三章　家族の研究
第一節　世帯の人口と家族の成員　第二節　家族の食物　第三節　農業と家族　第四節　牧畜と家族　第五節　漁撈と家族　第六節　島の女性　第七節　総合
第四章　超家族集団の研究
第一節　親族関係　第二節　ゆいおよび契　第三節　碾磨集団　第四節　水を中心とする生活　第五節　総合
第五章　済州島の宗教
第一節　島の聖所　第二節　牛島 Tone 村の行事　第三節　総合
第六章　済州島民具の解説
第一節　衣類　第二節　食器類およびその他の生活用具　第三節　農具類　第四節　漁具　第五節　家屋
付　済州島方言集

　自然環境、家族・親族、社会組織、宗教、物質文化と、総合的な民族誌を目指して書かれたものであることがわかる。
　第二部は、東京に在住する済州島人の調査報告である。1950 年 5 月から 9 月中旬まで調査を行うが、この間に朝鮮戦争が始まり、調査は中断される。この時、泉は、明治大学政経学部助教授であった。泉の妻、貴美子の回想録によれば、明治大学への赴任は、父親の泉哲が京城帝国大学赴任前に明治大学に勤務しており、その人脈によるという（泉 1972 : 128）。現在では研究ジャンルとして確立している在日コリアン研究が登場する以前の研究であり、研究史的には位置づけが難しい研究となっている。また、共同研究の成果であり、祖父江孝男など共同研究者により執筆になる部分を多く含んでいる。この時期は、敗戦によってフィールドを失った泉の研究者としての再出発の時期であり、再出発にあたって、かつての済州島研究の経験を活かせるテーマとして、泉の視野に自然と入ってきたものと思われる。
　第三部は、1965 年の韓国再訪時のわずか 4 日間の調査にもとづくもので

ある。

　以上の3部は、調査の時期、期間、場所において、大きな隔たりがある。当然のことながら、最初から計画的に3つの部分が順次調査執筆されたわけではない。1965年に、これまでの済州島に関する研究をとりまとめ刊行するという出版計画が出た時点では、第一部と第二部の元原稿しかなかった。その時点で、第一部と第二部が一連のものとして捉えられることになったと考えられる。そして、第一部と第二部を一連のものとして位置づけ、その当時の「現在」において出版する意義を確保するために、第三部となる韓国再訪が行われることになる。

3　過去への回帰

　1965年の済州島再訪は、調査期間としては決して十分な時間ではない。「現在」の済州島を知るためである以上に、そこに「過去」があったからではないかと考えられる。泉は、「韓国感傷旅行」(『泉靖一著作集』5に所収)というエッセイにおいて、「短い韓国滞在の3分の1を、私は済州島で過ごした。……27、28年前に訪ねた村々を再びたずね、1週間以上も泊めてもらった家の若主人F氏にも会った。彼はひげをすりよせて、再会をよろこんでくれた」と述べている（泉 1972：370）。この時、同行した金宅圭によれば、「現地滞在はわずか4日間だったが、学生のとき世話になった人に会いたいと、捜し歩き、ようやく畑でみつけ、かけよった2人が、束の間、見つめあい、抱きあって涙を流したシーンは忘れられない」という（藤本 1994：268）。この済州島再訪は、自らの記憶を尋ねる旅であったのである。

　このように、日韓国交正常化を背景として、『済州島』の出版計画が持ち上がり、済州島を訪れ、過去への回帰が始まることになる。

　過去回帰の流れを追ってみると、1965年11月に韓国再訪し、済州島調査を行い、1966年5月に『済州島』刊行する。1967年8月には、「遥かな山やま」と題した、自伝的エッセイが雑誌『アルプ』にて連載が始まる。1967年10–11月には、再び韓国調査を実施。1969年6月–7月には、「思い出の人々」と題したエッセイを『東京新聞』連載する。このエッセイも、泉が影

響を受けた恩師たちを紹介するという形式をとった自伝的エッセイというべきものである。そして、1970年10月、再び韓国を訪問。その直後、11月15日に死去する。これらを見ればわかるように、『済州島』の出版を契機にして、晩年の4年間、過去への回帰が始まり、それは必然的に韓国回帰というかたちをとっていくのである。

　さらに韓国回帰は、母校である京城帝国大学への郷愁を呼び起こすことになる。泉は、当時、旧制高校のなかった京城にて、京城帝国大学予科を経て法文学部を卒業する。父親の泉哲は京城帝国大学教授であり、泉自身も助手、助教授をつとめた。京城帝国大学の生え抜きであり、二世教員であり、京城帝国大学の中心的な人物になる条件を備えていた。また、京城帝国大学医学部との関係も深く、敗戦後の博多での在外同胞援護会救療部で活躍する。戦後のさまざまなプロジェクトも、京城帝国大学の人脈が活かされており、1965年の韓国再訪も、京城時代の友人との再会が語られている。1970年7月に書かれた「旧植民地帝国大学考」には、母校への郷愁が現れている。

　このような過去回帰の流れの文脈のなかで、『済州島』という書物の位置づけを理解する必要があるだろう。

4　「始まり」の記憶

　『済州島』には、泉が済州島を研究する契機となった、個人史上の「ある事件」が、「まえがき」に付加されている。これは、『済州島』という書物が書かれることになった、「始まり」の記憶である。過去への回帰は、「始まり」の記憶を呼び起こすのである。「始まり」の記憶は、3部から成る『済州島』という書物が抱えている内的な不統一性がもたらす不安定さを、泉靖一の個人史的文脈によって外的な統一性を付与することで安定させるという役割を果たしている。

　その「始まり」の記憶を見てみよう。

　　私が、この島をはじめて訪ねたのは1935年の夏であった。数週間の旅行ののち、島の人々の生活と自然に大きな興味をいだきはじめるとと

もに、冬になると漢拏山一帯は深い雪に埋れて、いまだかつて積雪期の山頂に立ったものがないことを知った。1935年の12月から翌年の1月にかけて、私は山岳部の友人たちと漢拏山の登攀を計画し、1936年の1月1日にとうとうその頂上に到達したのだが……岳友の1人前川智春君をそののち失ってしまった。それは私にとっては、大きな衝動であった。当時、現場にいあわせた甲南高校の今西寿雄さんを、つい最近指摘されるまで梅棹忠夫さんだと考えちがいをしていたほどである。この遭難がきっかけとなって、国文学を専攻していた私は、文化人類学に専攻を変える決心をした。そして、1936年から1937年にかけて、憑かれたもののように、済州島の村々を歩いた。本書の第一部はそのときの資料をまとめたものである。

ここに書かれているのは、京城帝国大学山岳部による済州島の漢拏山での「遭難事件」である。この事件が重要なのは、泉の個人史と、済州島がどのように関係しているかが書かれていること、そしてこの事件が、泉が人類学と出会った契機になったということが書かれているからである。泉における済州島と人類学への出会いは不可分に関係しているのである。これを契機に、国文学科から倫理学科（宗教学・社会学研究室）への転科し、秋葉隆に入門する。渋沢敬三と出会い、オロチョン族踏査報告が『民族学研究』掲載され、学会デビューを果たす。勃興しつつある戦前の日本の人類学の潮流に、泉が乗り、戦後の日本の人類学界での活躍を用意することになる点で、この遭難事件は、日本の人類学史において大きな意味を持っているといえる。

この遭難事件は、『済州島』という著作に統一性を与える「始まり」の記憶である。その後、この遭難事件について、泉は繰り返し語っていくことになる。そして、その語りには、複数のヴァリエイションがあるのである。過去への回帰のなかで、思い出されることによって、記憶が微細につくられていくことになる。

1967年8月に連載が始まった「遥かな山やま」では、次のように書かれている。

済州島での遭難は、私の一生を大きく変えた。朝鮮の人びとのものの考え方や生活のしかたが、私にはよくわかってきた。それまで、北朝鮮や京城の付近の山やまを歩き、朝鮮の山村や農村の人びとと話しあう機会はあった。しかし、私は彼らと生活をともにして、彼らと同じ考えかたで、物事を眺めようとはしなかった。ところが、この遭難をとおして、済州島の人びとと、生活をともにし、神房の神託を聞いた。雪のなかにたおれた前川君が、生きているという神託はあたらなかったが、彼らには彼らの論理や思考の体系があって……。
　私はただぼんやりと国文学科に席をおいて、山にばかり登ってきたが、それからさき、まえのような立場でおこなえる学問をしてみたい、とくに前川君が眠っている済州島の人びとを、島の人びとの立場から、描きだしたいと真剣に考えるようになった。ちょうどそのころ、京城帝国大学の宗教学・社会学研究室の赤松智城・秋葉隆の両先生が、朝鮮の巫俗の実態調査による研究をおこなっていた。私はそのことさえよく知らなかったなまけ学生であったが、京城で発行されていた「緑旗」という雑誌に、秋葉先生が済州島の神房の巫歌を紹介された論文が掲載されていたのである。その論文をむさぼるように読んだ。そして、そのころ、漠然ともとめていた学問にちかいものを感じとった（泉 1971：79）。

　ここで注目したいのは、二つの部分である。一つは、「神房の神託を聞いた」とあるように、シャーマニズムに関する記述が登場していることである。これは「まえがき」にはなかった記述である。しかし、同様の記述は、『済州島』の「第五章　済州島の宗教」においても見られる。

　済州島の山岳のうちで、中心をなすものは漢拏山で、島人はあらゆる吉凶をこの山と結び付けて考える。1936年の1月3日、筆者の畏友前川智春君がこの山の吹雪のなかに逝いたのであるが、この事件について、ある島人は、彼の死因はその前年の秋、漢拏山頂のすぐしたの大石沢に小屋をつくったから山神が怒ったのだ……と解していた。またその

当時、死体の発見が遅れたときに、済州のある神房（巫）は、某の依頼によって、賽神して、「前川さんは小屋を逃れて大石沢のどんづまりに安住している」と語った。ともに漢拏山を神聖視して、そこに俗なる小屋をつくったために、前川君の不幸がおこったと解釈しているようであった（泉 1966：182）。

　この記述との違いは、先の記述では泉が人類学に専門を変更する理由を説明するものとして、シャーマニズムが引き合いに出されている点である。
　この点に関して、二つの理由が書かれている。一つは、「彼らには彼らの論理や思考の体系があって、それは私たちの論理や思考と、かけはなれたものではないことがはっきりしてきた。彼らの立場に立てば、彼らを理解することは容易なのである」とし、また「私はただぼんやりと国文学科に席をおいて、山にばかり登ってきたが、それからさき、まえのような立場でおこなえる学問をしてみたい、とくに前川君が眠っている済州島の人びとを、島の人びとの立場から、描きだしたいと真剣に考えるようになった」というように、シャーマニズムへの関心を、人類学における異文化理解への関心として捉えることで、人類学に専攻を変える理由としているのである。もう一つは、「京城帝国大学の宗教学・社会学研究室の赤松智城・秋葉隆の両先生が、朝鮮の巫俗の実態調査による研究をおこなっていた」こと、そして、済州島の神房の巫歌を紹介した秋葉隆の論文を知ったことである。シャーマニズムとの出会いを通して、人類学的な学問に関心を持ち、そしてそれを学ぶことのできる条件が、当時の京城帝国大学には用意されていたことが、理由となっている。
　さらに、1969 年 6 月–7 月に連載されたエッセイ「思い出の人々」（『泉靖一著作集』6 に所収）における、遭難事件に関する記述では、シャーマニズムに関する記述がより詳しく出ている。

　　私は傷心を抱いて、山麓の済州邑に引きあげてきた。そのとき、町の巫人（済州島では神房＝しんぱん＝という）らが、前川君はまだ生きていて、神々と人の知らぬ谷に住んでいる、といっているといううわさを

きいた。藁でもつかみたい気持ちの私が、神房たちの神託にひかれたのはあたりまえであろう。しかし、私はそのような「迷信」を信ずるわけにはゆかず京城に帰った。前川君の行方を案じながら、京城で日々をおくる苦悩は言語に絶した。そのとき私の目にとまったのが、秋葉隆先生の小論文で、済州島の巫歌の解説である。この論文によって、朝鮮の社会における巫人の存在の意味がよくわかり、「迷信」だとばかにすることのできない理由がおぼろげながら感得できた。そして、このようなものの見方を具体的につきつめてゆくことのできる学問があれば、それを学んでみたいと考えたのである（泉 1971：8-9）。

　1966年の『済州島』「まえがき」、1967年のエッセイ「遥かな山やま」、さらに1969年のエッセイ「思い出の人びと」へと、遭難事件をきっかけとして、人類学との出会いの経緯が書かれているが、シャーマニズムへの関心が徐々に詳しくでてきていることがわかる。しかし、注意しておきたいのは、あくまでシャーマニズムは、異文化理解という人類学の学問的関心を説明するために引き合いに出された、一つの例に過ぎないということである。
　というのも、1970年10月の最後の韓国訪問についての未完の原稿「韓国研究旅行（編集者が題をつける）」（『泉靖一著作集』5に所収）には、次のようにあるからである。

　　私が、シャーマニズムに関心をもったのは、もう30年も前からである。故秋葉隆、赤松智城の両先生について、文化人類学の手ほどきを受けていた私は、両先生がそのころおこなっていた、朝鮮から中国の東北地区（満州）でのシャーマニズムの実態調査に参加した。はじめは、「もの好きな巫女の調査」と反発したが、だんだんとシャーマニズムのもつ意味がわかってくるにつれて、私の態度が積極的になったのを、秋葉先生は、「君もだんだんシャーマナイズされてきたね」と笑われたことがある。敗戦によって、シャーマニズムの研究が中断されること20余年、私は再びこの問題の研究に回帰することを考えている。それには、新しい問題を考えるために、まず、実態をおさらいすることが必要

である（泉 1972［1970］：373）。

　ここで注目したいのは、済州島での遭難事件の記述はないことである。また、「はじめは、『もの好きな巫女の調査』と反発したが、だんだんとシャーマニズムのもつ意味がわかってくるにつれて、私の態度が積極的になったのを、秋葉先生は、『君もだんだんシャーマナイズされてきたね』と笑われたことがある」と述べている部分である。転科し、秋葉隆の指導下で、人類学を学ぶようになった頃、泉は必ずしも、シャーマニズムに強い関心を持っていたわけではない可能性がある。実際、『済州島』でのシャーマニズムの記述はわずかであり、卒業論文も同様と考えられる。あるいは、当時の泉にとっては、シャーマニズムは、不幸な事件の記憶を呼び起こすものであり、関心を持ちながらも、心理的に正面から向き合うことのできない対象であったのかもしれない。

　この前後の記述を確認すれば、1965年、雑誌『日本』の12月号に掲載された「韓国感傷旅行」では、済州島への訪問の記述があるものの、シャーマニズムへの言及はない。また、遭難事件にも触れてはいない。1966年5月に刊行された『済州島』にも、シャーマニズムへの言及はわずかしかない。しかし、1969年「"巫堂来歴"考」『東洋文化』46、47号、1970年「朝鮮のシャーマニズム」『朝鮮学報』56輯は、明確に、シャーマニズムをテーマにしている。そして、1970年7月には、奄美大島へのシャーマニズム調査を実施しており、1970年10月の韓国訪問についての未完の原稿「韓国研究旅行」では、シャーマニズムへの回帰を明言している。

　この流れを見ると、シャーマニズムへの回帰というよりも、新たなテーマとしてシャーマニズムを再発見したと考える方がよいだろう。

5　失われた記憶を求めて

　『済州島』とそれ以降に始まる回顧的著作には、「記憶」の問題が深くかかわっている。

　『済州島』「まえがき」には、「岳友の1人前川智春君をそののち失ってし

まった。それは私にとっては、大きな衝動であった。当時、現場にいあわせた甲南高校の今西寿雄さんを、つい最近指摘されるまで梅棹忠夫さんだと考えちがいをしていたほどである」と述べている。『済州島』はその冒頭から、「記憶」の間違いから始まっている。また、「野帳や粗資料としての統計の大部分は、敗戦による引き揚げのときに失われているので、主としてそのころの論文によらざるを得なかった」とあるように、記憶の拠り所、想起の手掛かりとなるノート・資料類が失われているのである。

　さらに、『遥かな山やま』の冒頭は、次のように始まっている。

　　過ぎ去ったことを、好んで話したがるのは、老化現象のはじまりのようである。私はもともと過ぎたことを人に語ることを好まない。いつでも、気が若くありたいとのぞむからではなく、もちまえの記憶の悪さから、過ぎたことを、次から次へと忘れてしまうので、語ることがこわいからである。とくに、山については、手もとに記録らしい記録がほとんど残っていない。私が、山によく登ったのは、敗戦前のことである。からだひとつで朝鮮から引きあげてくるとき、それまでの山の日誌や写真のほとんどすべてを、処分してしまった。とりかえしのつかないことをしてしまったわけだが、いまとなってはどうすることもできない。編集者から、私の過去の山歩きから、ここ最近の南アメリカでの仕事を、一つ連続的な体験として書けないかとすすめられて、筆をとってみる気持になったものの、前半はそのようなわけで、まったくおぼろ気な記憶にたよらざるを得ないのである。もっとも、このような機会に、できるだけ他の記録をたしかめ、記憶をあたらしくして、正確を期したいと考えているが、誤りがあったらお知らせいただきたい。いつでもよろこんで、訂正したいと考えている（泉 1971：8）。

　ここで述べられているのは、記録を喪失した状態での過去の記憶を取り戻そうという試みの困難である。

　『済州島』の出版は、植民地であった朝鮮と、その京城帝国大学で学生時代を過ごし、人類学者として活躍した泉が、朝鮮という故郷、大学という母

校と、それを思い出す手掛かりとなる記録をも失った状況において、その記憶を取り戻すという困難な作業に否応無く迫られる契機となった。それは、青年時の不幸な遭難事件を想起させ、シャーマニズムの再発見となった。

　『済州島』という著作は、済州島に関する単なる研究書ではない。朝鮮半島と日本とのあいだの複雑な歴史を生きた1人の人類学者の人生が刻まれているのである。

参考文献
『泉靖一著作集』全7巻，1971-1972　読売新聞社
泉靖一『済州島』1966　東京大学出版会
泉靖一『遥かな山やま』1971　新潮社
泉貴美子『泉靖一と共に』1972　芙蓉書房
藤本英夫『泉靖一伝』1994　平凡社

【付記】 本稿は、2010年10月6日に、泉靖一没後40年を記念して、韓国済州大学校耽羅文化研究所で開催されたセミナーにて発表した原稿を元に書き改めたものである。発表の機会を与えてくださった所長の許南春教授（現・同大博物館長）に感謝したい。

第5章

国際海洋世界における
孤立と共生

第1節

忘れられたもう一つの植民地
――旧南洋群島における宗教と政治がもたらした文化的遺制――

李　　恩　子（Eun Ja Lee）
国際学部准教授

は　じ　め　に

　2014年は、第一次大戦開戦からちょうど百年にあたる。日本は100年前の8月23日にドイツと国交を断絶。同国に戦線布告し、10月3日、ドイツ領であったグアムを除く北マリアナ諸島、カロリン諸島、マーシャル諸島を軍事占領した。

　占領地は、西太平洋の赤道以北に位置する南洋群島と称されてきた島嶼地域である。島々の海域は、東西5000キロ・南北2400キロと広大で、域内の島の数は約1400余を数えるが、島々の総面積は東京都と同程度と言われている。南洋群島は英語表記の発音で「ミクロネシア」と呼ばれてきたが、これはギリシャ語の「小さな島々」という意味にあたるmicro・小さい、nesia・島を語源として、フランスの地理学者によって1831年に名づけられた[1]。この小さな島嶼の海域には現在四つの「国家」（パラオ共和国、北マリアナ諸島自治連邦区、マーシャル諸島共和国、そしてミクロネシア連邦）が成立しており、全地域の総人口は30万にも満たない。

　しかしこの地域は16世紀以降、スペイン、ドイツ、日本、アメリカと帝国の植民地として重要な存在であり続けてきた。その証左として100年前の

1）松島泰勝、アジア太平洋研究選書　ミクロネシア：小さな島々の自立への挑戦、早稲田大学出版部、2007年、7頁。

日本もさることながら、現在はアメリカによって軍事・外交権を牛耳られ、「独立国家」とは名ばかりの「従属国家」として存在している。言い換えれば、この四つの「国家」は、現在アメリカとの自由盟約国（Compact Free Association）あるいは自治連邦区（Common Weles）という地位協定に基づき、「半植民地」下にあるといえるのである。

　地域のそして人々の総称として使われているミクロネシア・ミクロネシアンは、四国家のうちの一つの国家名（ミクロネシア連邦）としても使われているため混乱しやすいのだが、このミクロネシア連邦を構成する四つの行政州（ヤップ島、コソラエ島、ポナペイ島、チューク島・旧トラック島）の二つの州、ポナペイとチュークに本稿で論じようとする日本人宣教師団である「南洋伝道団」が、第一次世界大戦後、日本海軍省の依頼により送られた。しかし、その歴史的背景については先行研究も少なく、この地域全般に関する研究も、近年少しずつ増えてきているものの、「大日本帝国」の植民地の一つであったと見る研究は多いとは言えない。

　現在この地域へ旅行する場合直行便はなく、グアムで乗り換えなければならない。しかも乗り換えの連結便は週三回、グアムでの連結待ち時間は長く、直行であれば4-5時間のところを、ほぼ丸一日かけなければ到着できない、地理的に「近くて遠い国」[2]である。一方、距離的には近いが認識としては遠い国でもある。戦争経験のない世代にとって観光リゾート地で知られる北マリアナ諸島の中心の島であるサイパン島は耳慣れていても、ポナペイ、チュークは地理的位置もさることながら知識的知見においても実体的な様相が見えていない遠い国だといえるだろう。しかし、この地の近代史を紐解くと日本との深い関係が見えてくる。

　近代帝国主義最後の植民地地域と言われてきたこの太平洋地域は、「日本帝国」にとっても明治の初期からいち早くその帝国の野望の射程に入っていた重要な地域であった。明治20年代前後に現れた様々な「南進論」の中でも言及されてきたが、これに先立つ明治6年、近代国家を確立するため組織

2）この表現は長く朝鮮半島と日本の関係を象徴するものとして使われてきたが、朝鮮半島との関係においては精神的なあるいは日本人の意識上の距離を表象しているといえる。

された「岩倉具視使節団」が二年半という長い期間をかけて行った西洋視察の帰路「印度南洋に立ち寄った」という記録からも、太平洋の島々は日本帝国にとって大陸進出と合わせて重要な地域であったといえる[3]。

ただ、日本とミクロネシアとの最初の関係は、「国家」が直接介入する以前の 1880–90 年代に個人の冒険的入島から始まっているその代表的な人物。しかし、その個人の移動にしても、明治初期、中期の膨張主義者を特徴づけるロマン主義、理想主義、熱狂的愛国主義の台頭と深く関係していると言われている[4]。個人の野心やロマンに基づく移動から始まり、国家的野望と利益の対象となったこの地は、現在も日本にとって地政学的、生態・環境学的、経済的そして軍事的側面からも重要な地域に位置付けられている[5]。

本稿はこれらの重要な地域と日本の関係史を、日本基督教団史の中でもほとんど取り上げられてこなかった「南洋伝道団」が送られた政治的・歴史的背景と経緯から考察し、現地での働きの軌跡を辿るなかで、本書のタイトルである『島国文化と異文化遭遇』がもたらしたレガシーを、その事例から検討する。検討する視座は、宗教と植民地主義の関係がどのような影響を現地住民にもたらしたのか、そして、その「共犯関係」は如何に形成され実践されたのか、を検証する。

南洋伝道団に関する先行研究は極めて限られておるが、その限られた先行研究[6]と当時の海軍の資料、そして、現地でのフィールドリサーチをもとに検討し、宗教と政治がもたらした文化的遺制つまり、宣教師がもたらした異文化との遭遇が現在の島文化、そして政治・社会にどのような影響を及ぼし残っているのか、を論じようとするものである。

---

[3] 上野隆生、近代日本外交史における「北進」と「南進」、和光大学現代人間学部紀要第一号　2008 年 3 月。
[4] マーク・R・ピーティー、日本植民地支配下のミクロネシア『岩波講座：近代日本と植民地』1　植民地帝国日本、岩波書店、1992 年、190 頁。
[5] 重要性の具体的な例として「独立国家」成立後いち早く日本領事館の設置や漁業権や水産輸出の相手国が日本が第一位であることや軍事面においてアメリカとの同盟国という側面など。
[6] 西原基一郎、小崎真、出岡学、中村敏などが上げられるが、南洋伝道団に限定して書かれたものは西原のものだけである。

1 南洋伝道団が送られた歴史的・政治的背景

　日本人宣教師団である「南洋伝道団」が南洋群島に送られた時代的背景は、第一次世界大戦後に創設された国際連盟下における委任統治という制度が施行された期間であった。委任制度施行一カ月後の1920年2月に早くも第一陣が送られ、その働きは第二次世界大戦が終焉する1945年まで続いた。その間、途中、1931年、満州事変を引き起こした後の33年には日本は国際連盟を脱退したにもかかわらず日本の統治は続き、それにともなって宣教師たちも継続してとどまった。つまり、戦争勃発直後に南洋群島に布いた軍政は、戦争終結後も委任統治制度の下民政に移行し日本はその地を継続支配したということである。

　継続支配の大義名分となった委任統治受任にいたる経緯は、日本が第一次世界大戦に参戦し、戦勝国の一員になり、戦後処理の国際政治の思惑と交渉のなかでその地を実質統治していたという既成事実などが大きく作用したことと深く関係している。したがって、この戦争について、そして委任統治制度について若干概観しておきたい。

　第一次世界大戦勃発100年目にあたる今年は、この戦争について論壇やメディアで少し取り上げられたものの、奇妙なことに日本ではこの大戦について第二次世界大戦に比べるとあまり言及されることがない考えうる理由として、。第二次世界大戦が敗戦に終り、日本にとって戦後の国際政治の力学が大きく変化したためか、あるいは日清・日露戦争と違い初めての多国籍戦争で日本の役割・位置が限定されていたからか、あるいは単純に戦争の記憶が第二次世界大戦の方が新しいためか、はたまた被害の禍根が甚大で、広島・長崎への被爆の経験があまりにも大きく、戦争の被害国というレトリックを強調し易いためかはわからない。しかし第二次世界大戦に比べて取り上げられることが少ないことは確かだと言える。

　ヨーロッパ戦争とも呼ばれた第一次世界大戦は、人類史上最大の犠牲者を出したことで知られているばかりか多くの歴史家たちは、20世紀の世界を予兆し、三つの帝国が解体され、power of balance という概念が生まれるぐ

らい国際政治、国際秩序のあり方に決定的な影響を与えた戦争だと言われている[7]。その歴史的結果は悲しくも 20 世紀を「戦争の世紀」と表される暗雲の時代の幕開けを意味する戦争だった。そして、その「戦争の世紀」は 21 世紀に入り「反テロ戦争」という装いを変えてその国家間の「本質的」利害関係の連続性を見ることができる。

　夏に始まりクリスマスまでには終わるだろうと、短期戦をと想定していた連合国側の自信に反して、戦争は予想をはるかに超えて長期化し、日本を除く参戦国の多くの「国民」が犠牲になっており、加えて数多くの被植民地の人々も戦地の第一線に駆り出され犠牲になった戦争だった[8]。

　周知の通り日本は、アジアで唯一植民地を獲得した国であると同時にヨーロッパで起こったこの戦争に参加した唯一の国である。植民地宗主国あるいは「帝国」の一員ゆえ当然の成り行きといえるのかもしれないが、日本にとってこの戦争への参加は、被害者数に比べて軍需産業などを通してもたらした利益は計り知れない膨大なものであった。実質的な経済的利益のみならず、結果として「西洋」の帝国にまじって戦勝国の一員になったことは、日本にとって日清・日露戦争の勝利に加えて更なる「帝国」化に向かって具体的な自信に繋がる精神面においても象徴的な意味をなしたといえるかもしれない。まさに明治維新時からの国家指針である「富国強兵」を更に具現化し、西洋列強国にその存在を強くアピールすることになった戦争だったといえる。

　日本の統治者とりわけ軍にとって願ってもない「幸運」であったこの戦争に参加した背景は、何だったのだろうか？　フランスとドイツの歴史家ベッケルとクリマイヒは、その著である『共同通史・第一次世界大戦』の中で、日本の介入の理由を二点あげている。一点目は 1902 年以来結ばれてきた英国との同盟関係であったこと。しかも、第三次更新の 1911 年の後で互いの義務が減少していた時期であったにもかかわらずその要請に応えた、と説明

7）ジョセフ・S・ナイ・ジュニア、国際紛争（原著第 6 版）：理論と歴史、有斐閣、2007 年、75 頁。
8）日本ももれることなく戦争突入の 1914 年の段階ですでに朝鮮半島から朝鮮人が駆り出されている。

している。言い換えれば、たとえ同盟関係の政治的義務が軽減された時期であるにもかかわらず、日本は積極的にその要請に応じた。それは周知のとおり台湾に続いて朝鮮を植民地化し帝国への道をまっしぐらに尽き進んでいる真っ只中の日本にとって格好の機会であっただろうという推察は十分し得る、もっと言えば、日本にとっては当然の応答だったといえるだろう。二点目は、対戦国であるドイツが中国の山東半島の青島を租借地としていたことと、太平洋の島々－ソロモン、カロリン、マリアナ、マーシャル諸島を領有していたからだと指摘している[9]。

「北進」の目的の一つであった1910年の朝鮮半島の植民地化に「成功」していた日本にとって更なる「北進」つまり大陸への侵略を進めるにあたって山東半島への関心が大きかったことは、容易に想定できる。

つまり、ベッケルとクリマイヒの説明は、前述したように日本にとって近代の初めから抱いていた野望――大陸への「北進」と南洋への「南進」――を同時に加速化し遂行するうえで、更なる帝国化へのステップストーンにしたかったと繋げて考えることが出来る。違う言い方をするならば、同盟国であった英国からの要請は、きっかけではあったが、帝国の様相が色濃くなる時期の日本の統治者、軍関係者にとって軍事力が発動できるこの参戦要請はタイムリーなあるいは「棚からぼた餅」であったといえる[10]。

四年に及ぶ大戦は連合軍側が勝利し、枢軸国側が保有していた植民地再割譲についての議論が始まった。1919年1月に第一回目の戦後処理に関する会議がパリで始まり、同年6月にヴェルサイユ講和条約が締結され戦後処理の議論は幕を下ろした。しかし、戦後処理についての議論は、戦争終焉一年前の1917年には連合国間の中で秘密会議が始まっていた。たとえば、日本と英国間では戦後日本が南洋群島を領有することの承認をすでに得てい

---

9) ジャン＝ジャック・ベッケール、ゲルト・クルマイヒ、仏独共同通史第一次世界大戦（上）、岩波書店、2012年、vi頁。
10) 有賀定彦は「北進」論と「南進」論という論文の中で大戦一年前に発行された雑誌『太陽』で取り上げられている「経済的平和的南進」は当時南洋の島々の宗主国がイギリス、アメリカ、フランス、ドイツなどの帝国主義国であるため、軍事的支配をしたくてもできなかった地域だったが、軍事力の発動できる第一次世界大戦は願ってもない好機であるために勃発するやいなやドイツ領であった南洋群島に上陸したと指摘している。東アジア研究年報（28）1986年、85–102頁。

た[11]。そのような二国間の思惑、交渉だけではなく、敗戦国ドイツの植民地返還要求や英国自治領（オーストラリア、ニュージランド、南アフリカ）からは、参戦した代価として戦時中に占領していた領土を戦後も継続して管理・支配するという主張や要求など、戦後を見据えた様々な思惑が各国間で絡み合い、水面下での交渉が始められていた。それらの議論の過程で、「領土非併合、民族自決」という原則を主張するウイルソンアメリカ大統領の考えは、大戦には途中参加であったが連合軍側の勝利を導くのに決定的な役割を果し、その発案の影響力は大きかった[12]。

　もともと「領土非併合、民族自決」つまり、各国が植民地として再支配するのではないという理想は、イギリスの軍人スマッツのアイディアであったが、その当初の案には南洋群島を含まない旧植民地に対する対応案であった。それをアメリカが「南洋群島も含むべきだ」と主張した。提案の背景には大戦に途中参戦したアメリカにとって戦勝国間で植民地を再分配するという戦争終結前から議論されていた流れにすでに乗り遅れていて、遅すぎたためだと言われている[13]。いずれにしろ、領土非併合、民族自決の原則は、戦後設立されることになっている国際連盟（League of Nations）によって共同管理を通して遂行すべきとなった。しかし、それは現実的には「連盟」が直接共同管理することは困難であると判断し、各国に委任するという形で統治させ「連盟」が監督するという一種の妥協案として生まれたのが「委任統治

11）非公式の承認は以下のメモランダムから明らかです。
　「二月十五日　珍田大使発本野外務大臣宛　電報第六四号
　山東省及南洋諸島問題ニ関スル英国政府ノ保障通告ノ覚書
　No. 64. Memorandum.
　His Majesty's Ambassador at Tokyo has been instructed to make to the Japanese Minister for Foreign Affairs statement in the following terms : His Majesty's Government accede with pleasure to the request of Japanese Government, for an assurance that they will support Japan's claims, in regard to the disposal of Germany's rights in Shantung Province and possessions in islands, north of Equator, on the occasion of peace conference, it being understood that the Japanese Government will, in the eventual peace settlement, treat, in the same spirit, Great-Britain's claim to German islands, south of Equator Foreign Office February 13th, 1917.」（『日本外交文書』大正六年第三冊、pp.642-643）。
12）等松春夫、日本帝国と委任統治：南洋群島をめぐる国際政治1914-1947、名古屋大学出版会、2011年，14頁。
13）矢崎幸生、ミクロネシア信託統治の研究、御茶ノ水書房、1999年、48頁。

制度」、英語で言う Mandate であった[14]。

　領土非併合、民族自決という大義名分は、受任国への義務として、それぞれの地域を自立に向けて支援するという課題が課せられ、領土面積、人口、「文明度」によって A、B、C、式というランク付けをされた。そして、日本が統治するようになった南洋群島は最も「文明度」が低く自立していない C 式に類型化された。日本は統治の受任国として国際連盟にその統治内容を報告する義務が課せられる中で統治権を得た。だが、その内容は実質的に植民地統治と変わることがなかった。委任統治受任国日本は、この制度のもと当地の施政・立法の全権が与えられ、日本国内の法規も適用可能となった。また、「連盟」は日本の統治のあり方を調査する権限はなく、「連盟」への報告義務を監督するだけというものであった[15]。そして、1922 年にパラオに南洋庁が設置され、名分上軍政から民政に変わり日本の支配は第二次世界大戦終焉まで継続したのである。

2　南洋群島おける宗教政策

　南洋伝道団が送られた遠心的政治要因である国際連盟が創設した委任統治制度、その委任統治を受任するに至った第一次世界大戦への日本の参加を概観してきたが、ここでは誰が、何故、南洋伝道団を送ったのか、その直接的背景となる日本政府のこの地域に対する宗教政策から南洋伝道団が送られた背景を更に具体的に探ってみたい。

　数少ない南洋伝道団に関する先行研究でも、送られた一次的要因として海軍からの依頼が挙げられてきた。しかも、それらの研究に共通する認識は、国際連盟委任統治受任義務条項 22 条内容である。以下少し長いが原文を引用する。

　第二二条〔委任統治〕
　　一　該人民ノ福祉及発達ヲ計ルハ、文明ノ神聖ナル使命ナルコト。

14）同上、22 頁。
15）松島泰勝、前掲書、35 頁。

二　此ノ主義ヲ実現スル最善ノ方法ハ、該人民ニ対スル後見ノ任務ヲ先進国ニシテ資源、経験又ハ地理的位置ニ因リ最此ノ責任ヲ引受クルニ適シ且之ヲ受諾スルモノニ委任セリ。
三　委任ノ性質ニ付テハ、人民発達ノ程度、領土ノ地理的地位、経済状態其ノ他類似ノ事情従ヒ差異ヲ設クルコトヲ要ス。
四　前記受任国ノ選定ニ付テハ、主トシテ当該部族ノ希望ヲ考慮スルコトヲ要ス。
五　尤モ受任国ハ、公ノ秩序及善良ノ風俗ニ反セサル限リ良心及信教ノ自由ヲ許与シ、奴隷ノ売買又ハ武器若ハ火酒類ノ取引ノ如キ弊習ヲ禁止シ、並築城又ハ陸海軍根拠地ノ建設及警察又ハ地域防衛以外ノ為ニスル土民ノ軍事教育ヲ禁遏スヘキコトヲ保障シ[16]、

　ここに示されている第五項目の「信仰の自由を認める」という受任義務への対応が背景になっていると言うのが共通であった。また、信仰の自由と同じように重視されていたのが第一項目の人民の福祉及発達を計ることである。そしてこの福祉向上とは「文明化」つまり、「野蛮」あるいは「未開」の人々を「文明人」にするというもので、その一環として現地住民の首長（ナンマルキ）などを日本へ観光視察・「内地観光団」と称し招待するということも行われていた[17]。そして、「文明化」の解釈を物質的豊かさとし、経済的発展のために、軍政時代からの拓殖事業である製糖業に最も力を入れ委任統治の産業の中心に置いた施策がとられていた[18]。
　共通に指摘されてきた「南洋伝道団」派遣の背景となる第五項目の「信仰の自由」を認めるための施策だったというという説明は果たして受任国の義務遂行上のためだけだったのか？　という問いにつなげて考えるとその答えは、否だといえる。政府が積極的に対応しなければならない理由は、当時の南洋群島がスペイン、ドイツ統治時代を経てすでにキリスト教化されおり、

---

16) 国際連盟規約の全文は http://www1.doshisha.ac.jp/~karai/intlaw/docs/lon.htm
17) 千住一、委任統治期南洋群島における内地観光団に関する覚書、立教大学観光学部紀要、第 8 号　2006 年 3 月。
18) 今泉裕美子「国際連盟の審査にみる南洋群島現地住民政策」、歴史学研究 No.665, 32 頁。

加えてアメリカの宣教団「アメリカンボード」が日本の統治以前の1852年から入島して宣教活動を展開しており住民の大半がクリスチャンであったという現状があり、受任義務としての信仰の自由を守るというは、対外的応答としてだけではなく、住民統治上、無視出来ない事情があったためである。

　そればかりではなく、実のところ、南洋群島における宗教政策は、委任統治下の民政時代に始まったものではなく、軍政時代からすでに海軍省の統治立案の中に、いち早く含まれていたと指摘されている[19]。では海軍省の宗教政策立案は、円滑な統治目的だけだったのだろうか？

　「無血」占領と言われた南洋群島の支配にキリスト教が有効であることは、その住民の多くがクリスチャンである実情からもわかる。しかし、人々から抵抗を予期して住民のテーム（tame）化の手段としてだけではなく、経済的な理由もあったと考えられる。それはドイツ人が持っていた教育機関の土地建物と彼・彼女らが住民にもたらしていた教育の影響であった。つまり、「日本式」教育への移行を円滑に推し進めるためにもキリスト教との協力体制は必要であったといえる。もちろん、その協力体制は積極的な意味においてではなかった。むしろ、キリスト教化されている現実からの葛藤による妥協の産物だったといえる。というのも、海軍省は占領直後から残留していたドイツ人に退去命令を出したり、学校事業禁止の方針を打ち出したりしたが、財政的な事情でドイツ人たちが設立した教育機関に依存しなければならないという事情などから占領半年後には一旦その禁止を中止した。またドイツ人退去は国の世論の批判にさらされるという問題も抱えていた。このようなジレンマの中で、どう対処していくべきかという文脈の中で宗教政策を立案していかなければならなかったである。そのジレンマは、また、国際世論と現実的な利害との挟間の問題でもあった。

　ドイツ人退去過程で彼／彼女らの安否確認のためYMCAからその処理についての照会依頼を受けるなど、国際社会がドイツ人宣教師の処遇への関心が高まる中で、海軍省は1916年3月にドイツ人退去命令発令後一年もたたないうちにドイツ人退島原則禁止と180度違う方針を出すという政策変更が

---

[19] 出岡学、『南洋群島統治と宗教――一九一四～二二年び海軍統治期を中心に』、史学雑誌、第112編　第4号、2003年、52頁。

なされた[20]。

　日本の統治に不都合な人物・団体は、いち早く追い出すべきという方針と、宗教団体を中心とする国際世論の反応、加えて西洋人宣教師たちが現地住民に与えてきた様々な面での影響を看過できないという現実との葛藤の中で、現地司令部は、文部省宗教局にその実情を訴えるなどしていたのである[21]。

　また、ドイツ人退島計画過程で海軍省は、頻繁に南洋群島への視察を図っているが、その報告の多くがドイツ人宣教師退島後の宗教政策に関する提言だったと言われている[22]。

　このような動きからも垣間見ることができるが、一般的に国家の宗教政策というものは、対内的統制の手段と国際政治あるいは国際世論の緊張関係の中で立案施行されてきたといえる。とりわけ当時の日本にとって軍政を経て委任統治の民政統治に移行した以上、国際連盟との関係、つまり、国際社会の一員上尚更のことであっただろう。そのことは、カトリックへの対応に苦慮していたという事実からも読み取ることできる記録がある。

　南洋群島はドイツの前にスペインの支配下にあったことからカソリック信者も多く、その人々への方針について政府は、パリにいる山本海軍大佐に意見を聴取し、山本大佐は「カソリック布教者も派遣すべきである」と伝えたというものである[23]。また、派遣すべき神父もできれば日本人を海軍は望んでいたが、当時の日本ではカソリック神父が50名程度しかいなかったため、派遣は困難であり、さりとてカソリック信者を放置もできない。放置すればローマ法王庁や英米から非難される可能性があると判断し、山本大佐からも「英米から反日輿論醸成に利用される可能性があるため、十分な対応を行うことが必要である」との提言を受けている[24]。

　さらに海軍省は、できればカソリックも日本人宣教師を送りたいと考えていたが、当時南洋群島はローマ法王庁直隷フィリピン本部の布教管区にあっ

---

20) 出岡　同上、54頁。
21) 出岡　同上、52頁。
22) 出岡　同上、56頁。
23) JACAR（アジア歴史資料センター）Ref.C10128158900、第46画像目。
24) JACAR（アジア歴史資料センター）Ref.C10128158900、第42–45画像目。

たため、日本から宣教師を派遣する事ができず、そのため、日本で布教を担当している「天主公教布教会」の布教管区に設定しなおしてから日本人宣教師を派遣するのがよい、とまで海軍は考えていた[25]。しかし、それはカソリック内の制度上不可能であるため、結果的には敵国人ドイツ人ではなくスペインからの神父派遣で妥協を見た。

　紆余曲折の「敵国」人を追放する過程における宗教政策は上述した通り一貫したものではなかったが、最終的には時間をかけてドイツ人の退島とドイツ宣教団体 Liebenzell Missionn に退去命令を出し、パリ講和条約が締結された1919年6月には、すべてのドイツ人宣教師とビジネスなどその他の関連で住んでいたドイツ人を退島させるに至った[26]。また、外国人に対する警戒心が「敵国人」のみではなく委任統治下の民政に移行した後も外国人は日本の利益を損なうと潜在的にみなされていたため様々な口実で外国人の訪問を認めないとする施策が取られた[27]。

　このように委任統治以前から、現地からの報告や視察を通して外国人排除を目的とする海軍省の宗教政策の経緯を見るならば、その延長線上に南洋伝道団派遣の目的もあったと推測することができる。つまり、委任統治以前の軍事占領直後から宗教政策を立案していたという経緯と、南洋伝道団を派遣するに至った目的は同質のものであったということである。ただ、軍政時代の統治と違い、形式的であっても国際連盟の監督下にある委任統治の下では、統制目的のみではなく国際連盟の一員としてこの地の統治が日本の対外的イメージや各国内での世論に軍政時代に比べより敏感にならざるを得ない立場にあったといえるだろう。

　このような政治的文脈で考えるならば、日本人宣教師にこだわり南洋伝道団が組織されたのは、諸々の立案の施行錯誤と葛藤を経て、その経験をもとに確実にそして周到に準備された政策であったといえる。次の稿では、南洋伝道団が組織化され実働に至った過程を、協力した組合教会側から検討す

---

25) JACAR（アジア歴史資料センター）Ref.C10128158900、第47画像目。
26) このミッション団体は1907年にアメリカンボードと正式に宣教の自由の同意を確認。Forman, Charles W., The Island Churches of the South Pacific : Emergence in the twenty century, American Society of Mission, NY Orbis Books, 1982, pp.62–64.
27) マークピーティー　前掲書、195頁。

る。

3 南洋伝道団派遣の直接的背景と目的

以上短く見てきた初期支配段階及び委任統治下における南洋群島への宗教政策の立案過程での葛藤と、外国人への敵視、警戒、疑念的態度は、敵国ドイツ人だけではなく外国人一般に対して持っていたことを述べたが、それがどのような背景から出てきたのかを検証することは本稿のスコープではないためここで議論することはしない。

しかし、結果としてこの文脈で見れば、南洋伝道団という日本人宣教師が送られたのは「自然」の流れだといえる。では南洋伝道団は、どのように組織されどのような期待をもって宣教の地に着いたのだろうか。

南洋伝道団発足の発端は、当時日本基督組合教会の霊南坂教会牧師で同志社大学二代目総長であった小崎弘道が、海軍省からの来庁依頼を受けたことから始まっている[28]。小崎が呼ばれる前に同じく組合教会牧師で巡回伝道者であった木村清松が呼ばれたが、彼は外遊中のため小崎が来庁した。時期は、ヴェルサイユ講和条約が結ばれた1919年6月28日直前の6月3日であった。その依頼の目的は以下の文書に明らかに示されている。

「南洋統治上宗教ノ力ハ頗ル重要視スベキ実情ナルヲ以テ・・・敵国人宣教師ニ代ルベキ相当ノ布教師ヲ速ニ入島セシメザレバ迷信深キ島民ハ精神上帰趨スル所ヲ失フ虞アルノミナラズ、他外国宣教師ガ講和条約締結後、逸早ク入島シテ金銭ト努力ヲ惜マズシテ。」[29]

敵国人宣教師に取って代わるだけでなく、「宗教を通して現地住民を教化

---

[28] ただし、軍に依頼される前に、個別に組合教会の牧師たちがこの地を訪ねています。

[29] JACAR（アジア歴史資料センター）「井出謙治海軍次官」及び「山梨勝之進軍務局第一課長」が作成に関与したと推測できる。覚書、1919年1月-6月の分類資料。アジア歴史資料センター：https://www.jacar.go.jp/index.html Ref. C10128158800、第11画像目。

する」という目的が明らかに示されている。そして、そのような目的遂行のため依頼された小崎は以下のように答えている。

> (一)、個人トシテハ組合協会ノ事業トシテ進ンテ南洋布教ニ従了シタキ意向ヲ有スルモ理事会ノ決議ニ依ラサレバ、□（1字不明）答シ難シ、
> (二)、官ヨリ相応ノ後援ヲ得サレバ成功困難ナリシ、
> (三)、統治カ海軍ヨリ離ルル場合アルモ御方針ニ変化ナキヲ□（1字不明）セラレサレバ着手シ難シ[30]。

　ここで小崎は、「教団理事会にかけなければならない」としながらも、個人ではなく教団組織として推進したいというかなり積極的な姿勢を示し、「財政的支援があれば引き受けられる」という極めて意欲的と捉えられる態度が読み取れる。さらには政治的交渉と積極的な意欲、ある種強気な態度とも読み取れることができる。しかし小崎は、教団理事会［委員会］からは同意を得ることが出来ないまま推進することになったのである[31]。
　以下の政府文書は南洋群島への日本人宣教師を送るという閣議決定の一部である。

> 一、南洋群島新教布教団ヲ組織シ小崎弘道氏ヲ以テ之カ会長トナシ団員ハ組合教会及他ノ新教宗派中志願者ヲ以テスルコト
> 二、本布教団ノ事業ニ関シテハ当分ノ間官ニ於テ相当補助ヲ与フルモノトシ其補助本年度ハ約二万円トシ臨時軍事費ヲ以テ支弁シ次年度以降ハ機宜決定スルコト
> 三、本布教団ハ布教事業ニ関シテハ南洋群島民政部ノ監督指示ヲ受クヘキコト[32]

---

30) JACAR（アジア歴史資料センター）Ref.C10128158800、第11画像目。
31) 当時の組合教会の会議録に記録がない。
32) JACAR（アジア歴史資料センター）Ref.C10128159700、第22画像目。

年予算二万円と、現地住民の人口数や他の宗教団体たとえば、仏教教団などへの援助に比べると破格の予算になる支援を受け、南洋伝道を始める基礎ができた。そして小崎を中心に南洋伝道団を派遣する委員会が1919年11月組織された。委員のメンバーは、団長に小崎弘道、幹事：岩村清四郎、理事：平田義道、木村清松、福永文之介、松山常次郎、後に網島佳吉と全員が組合教会に関係する者であった[33]。

　団長になった小崎の来庁から5か月足らずで委員会が立ち上がったということは、極めてスピーディな動きで、その敏速な組織化が可能だったのは、やはり、前項で述べた軍政時代からの政府の宗教政策に対する積極的姿勢によるものだといえる[34]。もちろん、当時の政府の宗教政策は、南洋統治に限定されたことではない。たとえば、日本の膨張主義、植民地主義が拡大する同時代にあっては、大陸での海外宣教が教派ごとに宣教師を送って進められていた。それらは、満州における熱河伝道、東亜伝道会、満州開拓村委員会、朝鮮伝道などがそれであり、すべて国家援助を大なり小なり受け取りながら、教派ごとに推し進められていた[35]。

　しかし、これらの宣教活動の始まりは、南洋伝道団とは違って伝道団発足にあたる初期段階から政府の介入があったものではなく、また現地に移住した日本人を対象としていたことから出発し、現地住民への伝道活動へと広がっていった。また、政府からの援助、支援は後になってからであったが、南洋伝道団は伝道の対象が前項で述べた通り現地の人々への伝道を目的としたものだった。その目的は議論した通り、住民の効果的な統率に宗教が有効であるという判断、そして日本人宣教師だと委任統治の名分である「文明化」のための教育を「国民化」教育として施すのに都合が良いという判断もあっただろうと推察できる。何故かというと、後述する伝道団の働きの中で、神学校建設があったのだが、そのカリキュラムの中に修身教育があったことからも、そのように判断しうるのである。

---

33) 西原基一郎、日本組合教会海外宣教光と影（2）、基督教研究、51、1989年、69頁。
34) 1919年6月13日の閣議で南洋群島への布教に関する方針が決定されている。
35) 小崎真、戦時下における日本基督教団の宣教1——東亜局を中心に、桜美林論集、第28号、2001年3月、37頁。

敵国人ドイツ人の代替としてまた、ドイツ人だけではなく他の外国人に対しても警戒し、排除するという方針があったことは前述したが、その中でも特にアメリカ人への警戒は強かった。それは当時のアメリカがフィリピンを支配下においており、南洋群島は地理的にも近いということ、国際政治の微妙な関係ということからであった。アメリカ人宣教師の南洋群島での働きだけではなく、朝鮮での働きも注視していたと推察できる。というのは講和条約が締結する3か月前には朝鮮で3・1独立運動が起こり、日本の官憲によるキリスト者への弾圧に対する米国内での世論の批判が大きかったことや、南洋群島におけるドイツ宣教団と同様、朝鮮においても欧米の宣教師達が精力的に行った活動の一つが高等教育機関、つまりミッションスクールの建設だった。その教育活動などを通して日本の支配を相対化する教育空間を提供していたと言われている[36]。

　このような植民地における政治状況や政府の統治目的の一環として外国人敵視の政策が取られ、それらの背景が小崎に依頼するに至っただろう。しかし小崎が政府の意図をどこまで把握していたのか推測することは難しい。ただ小崎にとっては満州や朝鮮の伝道に自分の属する組合協会の牧師が携わっていたということを全く意識していなかったとは言い難く南洋群島に入っているアメリカの海外宣教団体「アメリカンボード」が自分の出身校である同志社の創立母体であるということなども依頼を前向きに引き受けたことは容易に理解することができる。そして、結果として南洋伝道団の働きは始まったのである。

4　南洋伝道団の働きと文化的遺制

　政府の思惑と小崎を代表とする南洋伝道団委員会に支えられて現地に向かった宣教師たちには、政府の大義と戦略的「道具」として派遣されたという自覚はなく、伝道という使命に身を託したはずだ。彼らは宣教地でどのような働きをし、現地の人々にどのような文化的レガシーを残したのだろうか。

---

36)　李　省展、『アメリカ人宣教師と朝鮮の近代：ミッションスクールの生成と植民地下の葛藤』、社会評論社、2006年、207頁。

この項では現地のフィールドリサーチも含めてそのあたりを論じてみたい。

第一陣の宣教師はヴェルサイユ講和条約発効一か月後の 1920 年 2 月に派遣された。彼らは組合教会の牧師である山口祥吉、田中金造とその家族であった。彼らは横浜から 10 日間かけてトラック島（現チューク島）に到着し、更にポナペイ島には 3 日かけて到着した[37]。その後、川島直志、内田政雄、安積清、水向栄太郎、宮地治ら 8 名とその家族たちが送られている[38]。それぞれの赴任期間は異なるが、一度の滞在期間は 2 年半、そして 3 か月の日本での休暇というサイクルでなされていた。

南洋伝道団委員会が 1919 年の 11 月に発足し、その後 3 か月足らずで第一陣が赴任したということは、委員会設立以前、つまり小崎が海軍省に呼ばれた直後から希望者を募っていただろうと考えられる敏速さである。彼らの主要な活動は、日曜礼拝、聖書研究、日本語教育そして、神学校建設などが中心であった。ドイツ人やアメリカ人など従来の西洋からの宣教師と違って、現地の言語も熱心に習い周辺の小さい島々へも定期的にボートに乗って精力的に巡回伝道し、神学校での伝道師育成にも尽力を注いだ。そして、伝道活動の 15 年後には立派な教会が建てられ、その献堂式には団長である小崎弘道も初めて現地入りして大歓迎を受けたと言われている[39]。

建築された教会は、1930 年代に建てられたにもかかわらず大変立派なものである。現在でも半自給自足的生活をしなければならないぐらい生活物資の流通が限られている地で、日本人宣教師達が建てた教会は、立派過ぎるといってよいほどの建物である[40]。宣教師達の働きはもちろん建物の建築だけではなく人材育成の熱心さにおいても現地の人々に語りつがれている。

写真 1 山口牧師が建てた教会

37）南洋伝道団事業報告書、昭和 5 年度（1930 年）、1 頁。
38）西原基一郎、前掲書、100 頁。
39）南洋伝道団事業報告書、昭和 8 年度、5 頁。
40）筆者が 2012 年と 2013 年二回その教会と訪問し写真を撮った。

写真2　日本海軍本部跡

山口牧師が建てた Kimuna（平和という意味）教会の二代目牧師になった Ezura Robert を山口は短期間ながらも、早稲田大学に留学させている[41]。現在もこの教会には 100 人程の人々が日曜礼拝に参加し、その中には日本人とのあいだに生まれた人々もいる。そして、現在の牧師は太平洋戦争時に家族を 2 人も亡くし、日本からの訪問客である私たちにその悲しみと怒りを訴えるように話してきた[42]。

　第一陣のもう 1 人の宣教師であった田中金造の娘である田中栄子は 1980 年に『優しいまなざし』という回顧録を出版しているが、その中で著者の母親が住民に向けた女子実技学校などを立ち上げ、女性指導者を育てていたという。また島民たちが日曜日の礼拝を待ち望んでいるかのように、日曜教会は活気に満ち溢れていたというような記述もある。また、この著書の中で著者は、父親が頑固で戦時体制に入ったときに、日曜日に勤労動員などされることに反対し、軍との摩擦が絶えず、「田中一家は監視の対象であった」と記している。その書にはもちろん、両親が当時の政府の政策上の目的で送られたということに対する批判的視点はなくむしろ、給料は当時の会社員の三倍だったと語っているぐらいである[43]。ゆえに、宣教師達の働きの一部であった日本語教育や国民儀礼、国防献金などが課されていたことに無自覚であったに違いない[44]。

　世代が下がり、南洋伝道団のレガシーを直接引き継いだ住民の人々に会うことは困難なことである。しかし、2013 年夏に二度目のトラック島（現在のミクロネシア連邦チューク州）を訪問した際に通訳兼ガイドをしてくれた住民の 1 人は、山口牧師が建てた教会建設に自分たちの家族が直接協力した

---

41) Robert Ezra の息子であり、三代目の牧師である Saburo Robert とのインタビューから。2011 年 12 月。
42) 2013 年 8 月フィールドリサーチによる。
43) 田中栄子、『優しいまなざし』、ポナペ宣教記録発行委員会、1980 年、46–48 頁。
44) 小崎　前掲書，41 頁。

第1節　忘れられたもう一つの植民地

というような話を代々聞かされているという。また、島の多くの人々は日本人が命名した日本式の島名（夏島、春島、秋島、冬島）を、現在も覚えていたりする。日本人とのあいだに生まれた人々が多く日本式の名前を継承して現在に至っている。また、日本人との縁故関係がない人でも日本式の名前をつけられていたりする。たとえば、山口牧師が早稲田に送ったEzura Robertの息子はその教会の3代目牧師として働いたが、その人物の名前はSaburo RobertといいSaburoは日本でいう「三郎」から命名されたという。

他にも南洋伝道団の残した直接的文化的遺制とは言えないが「日本的」なものとして、巻寿司や稲荷寿司が特別な教会のイベントなどで提供されたりしている。また、文化と直結する言語においても、現地語の中に日本語が多く残っており、元来は日本語だったという理解もされないまま現地語として使用されている。

食べ物や言語だけではなく、精神的価値基準などにも文化的レガシーを見出すことができる例がある。現在そこに住む住民たちは異口同音に次のように語る。対人文化あるいは対人マナーとして自分たちは「心の中にある自らの考えや意見をそのまま出してはいけない」と教えられてきたという。この話を聞いた瞬間まさに日本の文化的規範と同じではないかと思った。

宣教という宗教活動を通しての文化の遭遇は負の遺産ももたらす。元来母系社会の地域であるにもかかわらず、教会での男女の役割は、はっきりとジェンダー化されている。これは明らかに西洋からのそして日本からの宣教師がもたらしたものだと考えられる。ジェンダー化された価値観だけではなく、人種主義を彷彿させる価値基準も見出される。

写真3　日本が作った防空壕

トラック島は日本の統治時代に海軍本部が設置されていたこともあり、日米の挟間で多くの現地住民が犠牲になっている。その歴史的事実から毎年8月には各島から住民が集まり太平洋戦争解放記念礼拝が持たれるのだが、そこで「黒」というのが「悪」の象徴として用いられたりしている。

概括してきた文化的遺制は、全て直接南洋伝道団の活動がもたらしたものだともちろん言い切れない。しかし、元来文化そのものが「純粋」なものなどなく、遭遇と孤立の中で育まれるものである以上、日本の40年にも及ぶ統治期間に住民の6割が日本から来た人々だった時期もあったという歴史的事実からも、また南洋伝道団が残した教会堂という空間が存続する限り、口頭伝承の文化圏のこの地でその軌跡はオーラルヒストリーを通してそのレガシーはこれからも次世代に語りつがれていくだろう。

お わ り に

本稿の基盤は科研研究の一部分をなしているのだが、科研申請の動機は、南洋伝道団は誰が、何故、どのような目的で始まったのかを知りたいという知的欲求からであった。そして、その初期リサーチの中で「誰が？」の部分で海軍の依頼とそれを受けた組合基督教会の小崎弘道の存在がすぐわかった。しかし、ではなぜ、どのような目的で海軍は依頼したのか？　という問いへの答えは知り得ていなかった。統治遂行のためだというこという仮説は容易に立てることができた。それは西洋列強の植民地主義とキリスト教が密接な関係にあった事例が多くあるからである。そして結論として、その仮説は間違っていなかったことが、限られた先行文献と政府側の史料から少し解明できたと思う。

南洋伝道団に関係した委員会のメンバー及び宣教師たちは、すべて組合基督教会に属する人々であったが、この教団も含めていわゆる15年戦争期の戦時体制時期日本のキリスト教諸教会は国家神道体制の名の下で教派に関係なく「日本基督教団」へ強制的に吸収合併され一本化されたのが1941年である。その中に南洋伝道団の牧師たちが属していた組合基督教会ももちろん含まれていた。そして、戦後「日本基督教団」は戦前の国家との関係において戦争に協力した過ちに対する態度表明をすることを1966年の教団総会で決議した。いわゆる「教団の戦責告白」である。しかし、それは太平洋戦争時代に限定された反省でしかなかった。

本稿で見てきたように、教団としてではないが、日本のプロテスタントの

主流であった組合基督教会の代表的な人物が、朝鮮、満州のみだけではなく、南方の南洋群島にまで国家が介入していた宗教政策に積極的に関与したという事実は、戦時下における直接戦争協力の問題と同じぐらい深く省り見検証されなければならない歴史事実である。その検証は現在のそして未来の宗教と国家の関係を考える上で看過できないことだろう。加えて国家の宗教政策あるいは宗教そのものが国内政治や国際政治とのからみで検証すべき点も看過されるべきでないということが、この事例から見えてきたと思う。このような視点を抜きに異文化の遭遇あるいは、それがもたらした文化的遺制なるものが今を生きる現地の人々にとって何を意味するのか？　という問いそのものが無意味なものになるという結論を本稿で残したい。

　本研究は科研費課題番号：25570021「ミクロネシア女性たちのオーラルヒストリーで辿る「南洋伝道団」の遺産の再構築」の助成を受けた成果の一部です。

第2節

海を越えるキリスト教
――海を隔てた文化交流の結果として無教会主義を捉える試み――

岩 野 祐 介
神学部准教授

は じ め に

　本稿は、内村鑑三の無教会主義キリスト教の成立について、「海を隔てた文化交流の結果」として考えてみることはできないか、という試みである。本研究プロジェクトの全体的なテーマは、海洋文化交流、海を介しての・海を越えての文化交流、ということになるであろう。そのような視点から内村鑑三と無教会主義を見たときに、「日本のキリスト教」「日本的キリスト教」としての無教会主義とはまた違った新しいあり方が見えてくるのではないか、と筆者は考えている。

　内村が無教会主義にたどりついた背景や、無教会主義独立伝道を続けた理由については、内村個人の性格や人間性、歴史的な経緯によって、あるいは、「禅的な簡素さを好む日本的精神性」[1]である、等々様々に解釈されてきている。筆者はこれまで、無教会の成立に関して、不敬事件等の歴史的条件、ナショナリズム的な志向、自由・独立志向、そしてそれらの土台となる聖書の解釈、を考えてきたが、海洋文化交流という視点を加えたときに、そ

---

[1] 土肥昭夫は「日本人の美意識の中にとけこんだ禅宗的な考え方、生き方と内村の間に類似性があるのではないか」（土肥、『日本プロテスタント・キリスト教史』、新教出版社、1980、193頁）と述べ、「無教会が西欧キリスト教の教会制度を斥けてきわめて簡単な組織をつくったとき、それは日本人の美意識に訴えるものとなった」（同190頁）と評している。

こに近代海洋交通独特の要素を見出すことができるのではないか、と期待するものである。

　内村鑑三を創始者とする無教会主義キリスト教については、日本独自、あるいは日本的なキリスト教受容と評価されることがある。たとえばエミール・ブルンナーは、無教会主義キリスト教を「唯一の日本産のキリスト教の群れ」と評している[2]し、マーク・マリンズは「もっとも有名で尊敬を集めている日本的なキリスト教のあらわれが無教会運動であることに、疑問の余地はない」と述べる[3]。しかし、一方で内村のような試みは教会史的に見て決して特異なものではない。内村自身がキルケゴールを「無教会主義者」と呼んでいることは有名な話であるし、彼は他にも欧米における「無教会」的な流れについてたとえば次のように言及している。

　　米国紐育市〔ニューヨーク〕のプロテスタント教徒は二百余万を算し、其中過半数（百七万余）は無教会信者なりと云ふ、而して其数は年々増加しつゝありと云ふ、依て知る無教会主義なる者の我国の一隅に現はれたる特発の現象にあらざることを、今より五十年前丁抹国〔デンマーク〕の思想家ゼーレン・クリーケゴード（引用者注：キルケゴールを指す）が其強大なる声を揚げて以来、欧米諸国に於て漸次瀰漫〔びまん〕しつゝある主義なり、無教会主義は純キリスト主義なり、神を愛し人を愛するの外に何の勢力をも権能をも認めざる主義なり、人類の進歩は此主義を助けつゝあり、科学の進歩は此主義を促しつゝあり、無教会主義を嘲ける者の如きは世界の大勢を知らざる者なり。[4]

　ここで内村が言う「無教会主義」とは、もちろん内村の運動が海外に伝播

---

2) ブルンナー「決断の中にある日本」松永訳、『ブルンナー著作集　第6巻　倫理・社会論集』（教文館、1996）394頁。
3) マリンズ『メイド・イン・ジャパンのキリスト教』（高崎訳、トランスビュー、2005）、77頁。
4) 内村「世界に於ける無教会主義」『内村鑑三全集 16』489–490頁。（『内村鑑三全集』1980–84、岩波書店刊。以下、『全集』と表記する。なお、引用文に付されたルビのうち、通常のルビは「聖書之研究」等の原典から付されているものであり、〔　〕に入ったルビは全集編集者により付されたものである）

したものという意味ではない。教派教会の枠に囚われないキリスト教、ということである。つまり内村はここで、アメリカにもそのようなキリスト者がいることを示し、無教会主義というあり方が日本に固有なものではなく、普遍的なものであることを主張しているのである。また、無教会主義がエルンスト・トレルチによる教会類型論にあてはめられた場合、「ゼクテ」にあたるのか「神秘主義」にあたるのか、といった議論がなされてきていることは、無教会主義がヨーロッパの教会類型論と比較可能なものであることを示しているといえるだろう[5]。

そもそも、教会というものがなければ、無教会という言い方もあり得ない。その意味で無教会主義という発想は、教会を前提としたもの、あるいは教会とともに存在するものであることは否定できないのではないだろうか。また、無教会主義が、教派教会の伝統や組織ではなく、直接聖書のみに基づくキリスト教であろうとするにせよ、その聖書そのものが伝えられないことには、聖書に触れることもできない。そして日本に聖書をもたらしたのは、欧米の教派教会を背景にもつミッション団体なのである。

ではなぜ、教派教会や、欧米のミッション団体から自由・独立的であることをよしとする無教会主義のような形態が、19世紀後半の日本で成立したのであろうか。以下、このことを海外との文化交流という視点から考えてみたい。

1　近代の文化伝達・文化交流

近代以降の海を越えた文化交流の特質として、それより以前の時代の、陸続きで徐々に文化が伝わる事例と比較した場合、差異の大きい文化が、徐々にではなく、急速に極端にもたらされる、ということが考えられるのではないだろうか。言わば、お互いのことを知る準備が十分にできていないうちに距離が縮まってしまうのである。

少なくとも、近代日本におけるキリスト教の伝来に関しては、キリスト教

---

[5]　たとえば、赤江達也『「紙上の教会」と日本近代　無教会キリスト教の歴史社会学』（岩波書店、2013）16-20頁に、この問題が詳しく論じられている。

信仰や、教会制度を含むキリスト教文化に強く影響された欧米の文化が、短期間に長い距離を越えて突然もたらされたものであると考えることができるだろう。

　日本の鎖国を解かせたのがアメリカ合衆国であったため、日本へのプロテスタント・キリスト教伝道においては、アメリカ合衆国のミッション団体の役割が大きかった。しかし、ミッション団体の側からすれば、海の向こうの日本は、本国から遠い。特に、アメリカ合衆国から日本への距離は非常に大きい。距離が大きいということは、直接的な管理がしにくいということである。従って、ある程度現場の人間の自由に任せられている面もあったであろう。少なくとも、現場の人間が盛んに提言をしていることは、ヘボンの書簡等から明らかである[6]。

　教会という仕組みが伝わって現地に定着し、その教会の内部から、自己批判としての無教会主義が生ずるということではなく、急速に押し寄せる外来文化との接触の現場で、自らの体験と理解に基づいて、手に入る範囲の（悪く言えばあり合わせの）素材を用いてキリスト教信仰を表現しようとした結果、無教会主義という異色なキリスト教理解・形態が出来上がったと考えることはできないであろうか。教会なしでキリスト教があり得る、あるいは、教派なしで教会があり得る、という発想は、ミッションに関わる宣教師たちの常識からは出てこないであろう。

　日本のキリスト教徒たちのあいだに、教派主義に対する批判的な視点がすでに与えられていたことは、札幌独立基督教会の設立に関するエピソードからも明らかである。札幌農学校時代から内村ら「札幌バンド」の宗教的指導に関わったメソジストの宣教師・ハリスは、当然、彼らが卒業後創立する教会はメソジスト教会に属するものになるであろうと考え、財政的援助を行なっていたのである。しかし札幌バンドの若者たちが目指したのは、教派と関係のない、「ただのキリスト教」だった。

---

6) たとえばヘボンはその書簡のなかで、医療伝道の有効性（「医療事業は民衆の偏見をとりのぞき、日本人と自由に交際する途をひらく上に大いに役立つことでしょう」『ヘボン書簡集』高谷編訳、岩波書店1959、85頁、等）、神学校への援助要請、宣教師の人選について等、様々な要請・提言をしている。

一つの事が我々には残念であった、すなわち我々がこの小さな場所に二つの教会をもつようになる明白な傾向があった、一つは聖公会、他はメソヂスト教会であった。『主一つ、信仰一つ、バプテスマ一つ』と、我々は心の中で考えはじめた。一つでさえ自分の足で立つだけ強くないのに、二つの別々の基督教団体をもつ必要が何処にあるか。我々は我々の基督信徒の経験においてはじめて教派主義の弊害を感じた。[7]

　後述のように、ミッションの側においては、アメリカ文化を伝えることと、キリスト教を伝えることとがないまぜになっている面があったであろうと指摘されている。まして、自分たちが伝えようとしているキリスト教が、アメリカ的な教会のあり方によるキリスト教である、という自覚も薄かったのではないであろうか。そのような立場からは、教会とは教派教会のことである、という自分たちの常識への疑問も生じにくいように思われる。しかし内村をはじめとした日本のキリスト者たちは、キリスト教の本質的な要素は何か、ということと、アメリカ（欧米）的な立場からの常識（たとえば、教派教会というあり方である）とを分けて受けとめ、キリスト教の本質的な要素を日本文化のうえに受け入れようと考えたのである。内村が「接木」というのも、そういうことであるだろう[8]。海のはるか向こうから、自分たちの文化とはあまりにも異なる文化とともにもたらされたキリスト教であったから、日本的な文化のうえにキリスト教の中心的な要素を直接受け入れる、といった発想が生じたのではないだろうか。

7）内村『余は如何にして基督信徒となりし乎』（鈴木俊郎訳、岩波書店、岩波文庫、1938）、56–57頁。
8）たとえば内村は、1916年の「BUSHIDO AND CHRISTIANITY. 武士道と基督教」において、次のように述べている。
　「武士道は日本国最善の産物である、然し乍ら武士道其物に日本国を救ふの能力は無い、武士道の台木に基督教を接いだ物、其物は世界最善の産物であつて、之に日本国のみならず全世界を救ふの能力がある、」「日本国の歴史に深い世界的の意義があつた、神は二千年の長きに渉り世界目下の状態に応ぜんがために日本国に於て武士道を完成し給ひつ、あつたのである、世界は畢竟基督教に由て救はるゝ、のである、然かも武士道のうえに接木されたる基督教に由て救はるゝ、のである。」（『全集22』、161–162頁）

2　アメリカと日本のあいだの文化交流という視点からの無教会主義

(1) 内村にとって「教会」とは

　キリスト教は海外から日本に伝えられた宗教である。それは16世紀のカトリック（イエズス会）であろうと、19世紀のプロテスタントであろうと同様である。

　では、キリスト教の担い手は誰か、日本にキリスト教が伝わったのはどのような人々によってか、ということについてはどうであろうか。キリシタン時代のイエズス会であれ、19世紀のプロテスタントであれ、それは教派教会の伝道組織によって伝えられた、ということになる。伝道の担い手は教会なのである。ところが、その教会を、内村は批判する。では、その教派教会批判としての「無教会」をとなえた内村は、教会をいかに定義していたのであろうか。

　　…イエスをキリストと認むる自由意志の発動的認識より出づる愛の信仰を基礎としてキリスト独特の霊的会衆を作るべし[9]
　　　我れ我がエクレージヤを家庭として建てん
　　と、何んと麗はしい言葉ではないか…温かき家庭の如きエクレージヤ……其建設がキリストの目的であつたのである[10]

　このように、内村にとってのエクレシアとは、聖書にもとづく人間の集まりなのであって、人間が既成の組織に加入することによるものではないのである。ということは、教会・エクレシアが、組織のための組織、組織としての規模拡大や発展を主目的とする組織となってはいけない、ということになる。

　ポイントは、「聖書」というテキストが、そのものとして伝わった点にあ

---

9) 内村「エクレージヤ（教会と訳せられし原語）」1910、『全集17』、207頁。
10) 同前。なお引用文中「エクレージヤ……」の「……」は引用者による中略を表すものではなく、原文にあるものである

るのではないだろうか。つまり、日本のキリスト教受容において、西洋的欧米的な文化の一端として捉えられ受容されることが多かったと考えられるのに対して、内村は、そういった欧米的なものに包まれたキリスト教から、聖書に向き合うことを通してその中枢だけを取り出し、受容しようとしたのではないであろうか。欧米的・西洋的な仕組みにくるまれたキリスト教である、ということを内村は見てとることができたのである。

　もう一つは、彼自身にアメリカ合衆国で暮した体験があること、であると考えられる。内村は、アメリカ合衆国において、「キリスト教国」への憧れを壊されるような体験をしている。現実の文化体験があるからこそ、キリスト教を欧米文化と一体化させてしまうことがなかったのではないだろうか。彼は寧ろ、日本的伝統から遠いところにいる人間だ、との見方もある[11]。しかし、実際にアメリカでの生活を体験したことが、彼に自らの日本的要素を自覚させたのだと考えることはできるであろう。

　なお、後述する金、咸らもまた、日本での生活体験があり、その中で内村の無教会主義から、さらに、内村のナショナリズム的な要素・日本的な要素と聖書に基づく信仰とを区別して継承し、朝鮮（韓国）において無教会主義運動を続けたのである。

(2) 内村鑑三の無教会主義の特徴

　神学思想、キリスト教理解に関して言えば、内村の無教会主義がさほど独特なものということは言えない。むしろ、ごく伝統的でスタンダード、穏健なものである[12]。ただし内村自身の立場は学問的・知的でありながら、本人

---

11) 太田雄三は、「日本の近代のインテリというのが、自国の伝統よりもかえって西洋の文化的伝統の方によりなじんだような人達だというなら、その意味では内村は最も早い時期に生れた、最も典型的なインテリの一人ではなかったか。」「彼が一見最も日本人らしい日本人のように見えたのは、反対に彼の日本の伝統からの疎外の現われではなかったか。」と述べる（太田雄三『内村鑑三——その世界主義と日本主義をめぐって』研究社、1977、30頁）。
12) たとえば熊野義孝によれば、内村のキリスト教思想は「穏健かつ常識的」（熊野義孝「内村鑑三の『信仰・評論・思想』」『熊野義孝全集』新教出版社、1982、297頁）なものとされる。また土肥昭夫は、内村のキリスト教思想に「ことさらに独創的なものはない」（土肥前掲書、187頁）と述べる。

はそれを「反神学」と称している。内村は、福音の真理とは体験的に理解しようとすれば誰にでも単純に理解し、また感じることができるはずの生きたものであると考える。内村の批判する神学とは、それをことさら複雑で難解で固定的なものにするような神学なのである[13]。以下に、内村のキリスト教理解の特徴を挙げておく。

・個人の独立と自由を重んずること
　内村が、制度や組織に嫌悪感を示すのは、彼が個人の自由・独立を重視するからである。内村において、信仰とはまず基本的に個人の問題である。内村の信仰において特に重視されたのは「自己中心性からの解放、救済」（内村言うところの二度目の大変化）である[14]。

・教派性に対する批判（あるいは無頓着）、聖書主義
　内村は教派性についてきわめて無頓着である。それは、福音（そして内村にとって福音の最も重要な部分は罪のゆるしであった）が伝えられるのであれば、伝え方がいかなるものであろうと関係ない、と彼が考えたからである。

　　……金剛石は之を入れる筐（はこ）とは全く別物であります、然（しか）るを筐と金剛石とは同一物であるやうに説き、筐其儘（そのまま）を受くるにあらざれば其中にある金剛石をも受くること能（あた）はざるやうに伝えまするのは大なる誤謬であります、我儕（われら）伝道師は貧しき霊魂に福音の金剛石を与ふればそれで足りるのであります、之を受けし者が之を如何（いか）なる筐に入れて置かうが、是れ我儕の関する所ではありません、……[15]

---

13) 内村による神学批判とその分析については、拙論「内村鑑三の神学批判をめぐって」『神学研究　第五八号』（関西学院大学神学研究会、2011）で詳しく論じた。
14) 内村における自己中心性と罪意識の問題については、拙論「内村鑑三の近代個人主義批判——再臨運動との関連を中心に」『アジア・キリスト教・多元性　第2号』（現代キリスト教思想研究会、2004）で詳しく論じた。
15) 内村「教会問題」1904、『全集12』、113頁。

・ナショナリズム的側面（自分たちの教会＝日本の教会、ということの強調）

　内村におけるナショナリズム的な立場からの、外来教派教会に対する不満や違和感も見逃すことはできない。内村は日本的文化伝統のうえにキリスト教を受け入れることが可能であるとの立場をとる。

> ……地上の教会は天に在る理想の教会とは違ひ、歴史的の性質を有つものであります、……羅馬〔ローマ〕天主教会とは中古時代の欧羅巴〔ヨーロッパ〕の境遇に応じて起つた者であります、カルビン主義の長老教会なる者は十六世紀の思想并〔ならび〕に社会の必要に強ひ〔し〕られて起つた者であります、……故に若し二十世紀の日本国に教会が有るとしますれば、……それは今日の日本の信者が基督教の真理を心に受けて、深く神の救済の恩恵を味ふて、其結果、外部より何の制せらるゝ所なくして自然に出来た教会でなくてはなりません……16)
>
> ……爾〔そ〕うして斯〔か〕かる教会（引用者注：日本とは異なる背景をもつ外来の教派教会を指す）に身を置きますれば我が信仰も自〔おの〕づと其不自然〔ふしぜん〕の性に侵され〔おか〕、竟〔つい〕に自由の発達を遂げ得ずして、死するとまでには至らずとも、その変形矮縮は到底免れ難いことであります、私は私の信仰の自由発達を計らんがために外来の既成教会に身を置かないのであります、……17)

　このように内村は、欧米由来の教派教会に日本において所属することを「不自然」と批判しているのである。同様に内村は、欧米から来日した宣教師が日本の文化的伝統に対して十分な敬意を払っていないことにも不満を表明している。

　これらの問題が生じた原因としては、彼ら宣教師が伝道を急ぐあまり、欧米流の文化や教会制度をそのまま持ち込んでしまい、背景の違いを乗り越えるための準備期間が充分にとれなかったからではないか、と考えることが可能であるだろう。たとえば、アメリカン・ボードによるハワイ伝道に関し

---

16) 同前、109–110 頁。
17) 同前、110 頁。

て、小檜山ルイは次のように記している。

> 当時ミッションは、キリスト教の布教とアメリカのライフスタイル、政治・社会体制の伝達とを全く区別していなかった。両者は渾然一体としてあるものであって、前者を広めようとすれば、当然後者も広めざるをえない、あるいは、後者の伝播なくして前者の普及はありえないことが暗黙のうちの前提となっていた。アメリカ人の善意は、アメリカ的文明の良さに対するほとんど絶対的な信念を伴うものであって、キリスト教化の進捗はまさにアメリカ化の度合いによってはかられた。[18]

　欧米の宣教師はそれぞれ自らの教会のあり方が歴史的に正統であると考えているため、日本の状況に合わせるといった発想にたどりつきにくいのである。

　なお内村の立場は、それぞれの文化伝統をいわば「旧約」として、そのうえにキリスト教を受け入れることが可能である、というものであって、決して日本文化至上主義ではない。「外国の神を信じて外国人に屈服するものだ」[19]という非難を受けていた日本のキリスト者にとって、日本の教会の独立を確保することは大きな課題であった。内村のように、あらゆる教派や教会から独立した体制であれば、そういうことにはならないのである。

　続いて次章では、具体的に「海を渡る」という観点から、無教会主義キリスト教の成立と展開を、順を追って確認してみたい。

3　海を渡るという視点からの無教会主義キリスト教

(1) クラーク、海を渡る（アメリカ→日本）

　内村鑑三は札幌農学校でキリスト教と本格的に出会った。その札幌農学校にキリスト教を伝えたのは、初代教頭であったクラークである。ただしクラ

---

[18] 小檜山ルイ「海外伝道と世界のアメリカ化」（森孝一編『アメリカと宗教』1997、日本国際問題研究所）107頁。
[19] 海老沢・大内『日本キリスト教史』（1970、日本基督教団出版局）、182頁。

ークのもたらしたキリスト教は、教会へのこだわりの「やや少ない」信仰箇条を残す「イエスを信じる者の誓約」に象徴されるものであって、特定の教派性を背景にしたものではなかった。

　クラークによる伝道は、ミッション団体による組織的な伝道から離れての伝道だったのである。クラークに教派否定的な考え方があったということではないが、彼は教会員一人ひとりの意思を重んずる会衆派教会に属しており、またクラークは平信徒である。洗礼を与え信徒集団を形成し教会を建設できる、教職としての資格はなかった。そもそもクラークは、伝道者としてではなく、教員として招かれたのである。

　そのクラークが札幌農学校に残した「イエスを信じるものの誓約」には、教派教会との関係について、次のように記されている。

　　……そして適当な機会のある場合には我々は試験、洗礼、入会のためにいずれかの福音主義教会に出頭することを約する[20]

　クラークが帰国の際、具体的に学生たちの指導を依頼したのは、当時札幌で活動していたメソジストの宣教師、ハリスである。内村たち二期生が入学した時にクラークは既に帰国しており、彼らに直接の影響を与えたのは上級生（一期生）たちであった。クラーク、農学校の一期生たちのいずれも聖職者ではなく、信徒である。教職者としての資格をもつ伝道者がいないため、信徒が伝道するという、ミッションの拠点から離れた遠隔伝道地の特性がその背景にあると考えることが可能であろう。内村は、信徒同士の伝道を通してキリスト教を知ったということができるのである。

(2) 内村、海を渡る（本州→北海道）

　自らの土台が日本の文化的伝統であると考える内村が、どうしてキリスト教を受け入れられたのであろうか。急激に価値観を変えられてしまうことを、何故彼は受け入れられたのか。

---

[20] 前出「余は如何にして基督信徒となりし乎」、23頁。

このことはまさに自伝的著作『余は如何にして基督信徒となりし乎』のテーマである。内村によれば、先輩の強要により受け入れたキリスト教であったが、次第にその神観（唯一神という合理性、美しい自然の創造者）に強く惹かれるようになった、ということになる[21]。

内村がキリスト教を受容した背景としてまず考えられることは、江戸から明治へという時代の変化である。内村が海を渡って札幌へ向かったことは、実生活にかかわる問題でもあった。内村は明治政府での栄達を望むべくもない、佐幕派の高崎藩士の子であり、新時代のスキルとしての英語や、生活が安定する道としての札幌農学校への入学は、自らの生活の手段、そして家族を養う手段（内村が16歳のときに父は家督を譲ったとされている）を獲得するために必要な、いわば明治という新しい時代を生き抜くにあたって必要な新知識や新技術を身につけることにつながるはずだったのである。江戸から明治へという大きな時代の変化がもたらした社会的な流動性に対応しようとすることが、価値観の変化を受け入れる下準備となったのではないであろうか。

また宗教的問題から考えると、内村は子供のころから宗教的に敏感な子供であったと自ら記している。その中でも特に彼は、多神教への疑問を感じていたと述べており、それは日本的伝統に対して、ある種の違和感を抱いていたということでもある。

それに加えて、北海道の豊かな自然の中にあってキリスト教に触れた、という環境の影響も考えられるのではないだろうか。上州で少年時代を過ごしており、自然美への思いが強かった内村は、自然（天然）への根本的信頼とでもいえるような感覚をもっていた。その、自然すべての創造主として、科学的な自然に関する知識を学ぶのと同時並行的に出会ったのが、キリスト教の神だったのである。

以上より、内村のキリスト教受容についてまとめてみると、北海道は同じ国内とはいえ「海の向こう」であり、環境も異なっており、そこにはキリスト教という文化的・思想的・世界観的な大変化を受け入れやすくする条件と

---

21) 同前、25–26頁。

しての環境があったと考えられるのではないだろうか。

　札幌農学校卒業後、内村は開拓使（後札幌県）、農務省で働いた。しかし結婚生活に失敗し、また官僚としての生活もうまくいかず、自らの自己中心性を突き付けられるという問題を抱えて、アメリカへ渡ることになる。

(3) 内村、海を渡る（日本→アメリカ）

　内村がアメリカへ渡ったのは、職場での人間関係における軋轢や、結婚の失敗などがあり、日本にいづらくなってしまったからだ、と考えられている。「真面目なキリスト者」としての内村は、日本国内において文化的異邦人のような存在になってしまったのである。また、最初の結婚相手は先進的な考え方をもつ女性であったのであるが、内村の家庭内で様々な不調和を生むことになったとのことである。

　　現在の僕の役人としての職場は、イヤな、堪えがたい、不満足な、不正だらけなところである。……札幌県に働くわれわれクリスチャン官吏は、圧制的で横暴な《県庁》にとっては一大障害である。[22]

　内村が、日本において、キリスト教の教えを忠実に守って生きていこうとすることは、様々な軋轢を招いたのである。最もよく知られていることはいわゆる「不敬事件」ということになるであろうが、不敬事件のような政治的に重大なことではなくとも、日々の生活のうちに種々の問題性があった。それが典型的にあらわれるのは、たとえばアルコールの問題である。札幌農学校ではクラークの方針にもとづいて禁酒禁煙が規則とされており、内村もそれを受け入れて生活していた。しかし実際に社会にでて職場の同僚と円滑な人間関係を築いていこうとすれば、酒を飲むか飲まないか、ということが具体的な問題となってくる。

　　斯の如き試練は凡ての基督者に臨み来る、殊に我国の如き非基督教国に

---

22)　内村、1882 年 6 月 15 日付け宮部金吾宛書簡（原文は英文、山本泰次郎訳）、『内村鑑三日記書簡全集 5』（教文館、1964）、39 頁。

於て然り、青年の学校を終へて社会に出づるや先づ飲食物を以てする試練が始まるのである、宴席に於ける一杯の酒を甘受せん乎拒絶せん乎、問題は小である、親戚友人等は斯かる小問題に就て固守するの愚を笑ふであらう、然し乍ら其小問題の決定如何に由て実に青年の生涯の永遠的運命が分るゝのである。[23]

　このように、政教分離といった信教の自由の問題からはすこし離れたところにも、日本の社会においてキリスト者として誠実に生きることの問題が生ずることがあった。あるいは、信教の自由を認めるかどうかとは違う次元で、禁酒というキリスト教的文化を受け入れない素地が日本の特定の領域にはある、ということになるかもしれない。
　内村が渡米した直接の原因は、こうした様々な苦しみから逃れるために環境を変えることであったようである。彼はこれらの軋轢を引きおこした原因の一つが自らの自己中心性にあると考えたようであり、罪意識にさいなまれ、またそこからの脱却を真剣に求めるようになる。
　ペンシルヴァニア州エルウィンの児童養護施設での体験を通して、改めて自己中心性の醜さを痛感した内村は、しかしアマースト（アーモスト）大学での体験を通して、救済、解放は、反省や自己批判ではなく、自らの外にある十字架上のイエスを仰ぎ見ることからもたらされる、ということを実感することになった。ここにおいても、札幌農学校での上級生との関係と同様、教会ではなく、シーリー学長との「個人的」な「体験」を通して救いに導かれたことには注目すべきであろう。
　組織としての教会や、そこでの教義ではなく、個人的体験を通して救済を体感していることにより、そこから、人は、個人同士の関係を通して、救済のあり方すなわち福音を伝えることができる、ということを内村は実感したのではないだろうか。内村にとって、信仰共同体は救われたもの同士のつながりとしてあるのであって、救われることそれ自体のためにあるのではないように思われる。

---

23) 内村「ダニエル書の研究」『全集 25』287 頁。

一方、こうしてアメリカ合衆国での生活を体験した内村は、「キリスト教国」としてのアメリカ合衆国に差別や格差があることなど、その矛盾を知ることになる。

　　金銭はアメリカでは全能の力であるという噂は、我々の実際的経験の多くによって確証された。[24]
　　他のいかなる点においても、しかしながら、基督教国はその人民の間に依然として存在している強い人種的偏見の点においてより以上に余に異教国のように見えたことはない。[25]

　そして、同様に内村を悩ませたのが、アメリカ合衆国における神学校のあり方であった。内村の見たアメリカの神学校は、アメリカの教会という環境に合わせた神学教育を行なっているのであって、それは内村の目には、日本での伝道に適合しないように映った。さらに内村は、アメリカの神学校が単なる職業としての聖職者を養成する機関となっており、神学生たちが条件の良し悪しで赴任先を選ぼうとしていることに違和感をおぼえたと記している。また、内村の神学校批判は神学への批判、すなわち「神学のための神学」への批判とも結びついている。

　　アメリカの神学校は、明白にアメリカの教会のために青年を訓練するために設立されているので、同国と事情を異にする伝道地に赴かねばならぬ者を訓練するに最適の場所ではない。旧新約聖書の註解的研究以外は、これらの神学校で教えられている多くのものは、これを省いても、伝道地で実際に働く人々の用から多くを減せずにすむかもしれない。牧会神学、歴史神学、教義神学、組織神学が我々に無意義なのではない、……しかし問題は比較的な重要さの問題である。……インド哲学の精緻、シナ道徳家の非宗教性、それとともに新興の意気は物質的であるが根本観念は精神的である新生諸国家の混乱した思想と行動と取組むべ

---

24) 前出『余は如何にして基督信徒となりし乎』112頁。
25) 同前、115頁。

きである。26)

　一方内村は、組織的な神学教育とはまた別の、感情的な面を重視した伝道についてもアメリカ時代に体験していた。リバイバル的信仰である。

　　　ほんとうにあのミッション・ショーは感激的である。
　　　　しかしこういうショーにおける最悪のくじは、たまたまそこに居合わせる回心した幾人かの異教徒の見本に当るのである。サーカス興行師が馴らした犀(さい)を使うように、彼らは必ず利用される。27)

　リバイバル的な信仰に対して内村は、感情的・情熱的要素に傾くことへの危機感と、そして異邦人の改宗者として見世物のように扱われることの不快感とを記している。

　これら、アメリカのキリスト教に対する内村の批判や違和感には、どこかナショナリズム的な要素が含まれている。ナショナリズム的になるのは、「海外」において、自らの文化的背景を強く感じたからであろう。内村は、出身地である日本においても、その日本にキリスト教を伝えた国であるアメリカ合衆国においても、文化的な異邦人としての居心地の悪さを感じることになったと考えられるのである。

　そのような内村が、改めて日本的なキリスト教のあり方を求めるようになったことは、自然なことであるだろう。帰国後の内村は、改めて日本的なキリスト教について、様々に探求し、文章を残している。たとえば「日本的キリスト教」では以下のように表現した。

　　　日本的基督教と称(い)ふは日本に特別なる基督教ではない、日本的基督教とは日本人が外国の仲人を経ずして直に神より受けたる基督教である、……日本魂が全能者の気息に触れる所に、其所(そこ)に日本的基督教がある、此基督教は自由である、独立である、独創的である、生産的である、真(まこと)

---

26) 同前、192頁。
27) 同前、159–160頁。

の基督教は凡て斯くあらねばならない、未だ曾て他人の信仰に由て救はれし人あるなし、而して又他国の宗教に由て救はる、国ある可らずである、米国の宗教も英国の信仰も、縦し其最善の者たりと雖も日本を救ふ事は出来ない、日本的基督教のみ能く日本と日本人とを救ふ事が出来る。[28]

しかしアメリカ経験を経て帰国した内村は、1891年不敬事件を通して、愛する日本から嫌われる存在となってしまうのである。

(4) 内村、国内を放浪（ある種の「追放」、「漂流」）

内村がはじめて無教会という言葉を用いるのは、『基督信徒の慰め』においてである。同書の第三章「基督教会に捨てられし時」において内村は、次のように述べている。

  余は無教会となりたり、人の手にて造られし教会今は余は有するなし[29]

では内村はなぜ「無教会」状態になってしまったのであろうか。実は内村は、1891年の不敬事件の前に、札幌独立教会から退会していた。退会の真意は不明なのであるが、これで彼の教会籍は失われてしまったのである。また不敬事件の後には、教派教会の側からも「非国民」内村を公的に擁護することは困難になってしまった。

不敬事件後の数年間は、内村の生涯においてもっとも苦しい時期であった。もっとも、このようにどこにも属していない状態になったからこそ、その後の内村は自由に好きなことがいえるようになった、と見ることもまた可能である。団体を維持し仲間を守るべき責任を背負っていない（いわゆる「無教会主義」の集会が成立するのは後の話である）内村は、遠慮することなく自分の発言ができるようになったのである。

とはいえ、ほとぼりが冷めて何年も経過し、国のあり方についてある程度

---

28) 内村「JAPANESE CHRISTIANITY 日本的基督教」1920、『全集25』、593頁。
29) 内村『基督信徒の慰め』、1892、（岩波書店、岩波文庫、1976改版）55頁。

自由に発言できるようになってからも、内村の発言は慎重である。

> 人を愛すべし、我を苦むる人をも愛すべし、国を愛すべし、我を苦むる国をも愛すべし……30)
> もし国の政府が腐敗を極めて明白に民の敵となりたる時の如き、もしくは自国が圧制国の版図に属して暴虐横恣[おうし]の下に悩む場合の如きは如何[いかん]、かゝる際には之に反抗して革命独立の旗を翻すを可とするべきではないか……31)
> この問題に対して先づ注意すべきは斯かる場合の甚だ稀であると云ふ一事である、そして稀なる或場合には或は政権反抗が正しくあるとしても、そのため常の場合の反抗が正しいと云ふことにはならない、……政治の非違その極に達して民皆苦む場合の如きにも、基督者は平和的手段にのみ訴ふべきである、……32)

このように慎重な態度をとることは、しかし不敬事件の結果だけが理由なのではない。政治的な手段には限界があることを、内村は意識していたのである。彼は次のように記している。

> 基督者とはその国籍を天に移せし者である、……故に此世の事は実はどうあつても宜[よ]いのである、……33)

しょせんこの世界は神の国ではないのである。ただしその一方で、日本という国に対する評価が低いわけではない。

> 比較的良政34)

---

30) 内村「羅馬書の研究」1921、『全集26』、401頁。
31) 同前、405頁。
32) 同前。
33) 同前、404頁。
34) 同前、407頁。

良心を以て、――心より――服従の徳を持って対すべき[35]

　このような国家との距離感には、渡米体験や不敬事件による放浪体験からもたらされた面があるともいえるのではないか。内村は天皇制国家から（ある程度）自由なのである。このことは弟子の世代、生まれた時から天皇制に馴染んでいた矢内原忠雄と比較するとはっきり見えてくる。矢内原は日本と天皇制について、次のように述べているのである。

　　一系の天子といふ中には実に大きな民族的理想が含まれてゐる
　　我々も日本の建国神話の中に含まれてをる理想と、歴史を通じてのその持続について神に感謝する[36]

　内村には、ここまで明らかな天皇制国家に対する愛着は見られない。内村が「日本的」というときに、それが遠く離れたアメリカでの体験や、あるいは不敬事件を通して日本から拒絶されるような経験を経て、一回距離を取ったうえでの「日本」「日本的」であることは意味を持っているように思われるのであり、その点において内村は単純な排他的ナショナリストではないのである。では、その内村のナショナリスト的な面が、海を越えて朝鮮からやって来た青年たちの目にはどのように映ったであろうか。続いてはその点を確認してみたい。

4　朝鮮の6人、海を渡る（朝鮮→日本）

　ここでいう6人とは、金教臣、咸錫憲、宋斗用、鄭相勲、柳錫東、楊仁性の6人のことである。彼らはいずれも朝鮮から日本への留学生であり、内村のことを紹介され1924年ごろから内村のもとに集まるようになった。彼らは自分たちでも「朝鮮聖書研究会」を組織し、独自に無教会主義的なキリス

---

35) 同前、408頁。
36) 矢内原忠雄「国家興亡の岐路」『キリスト者の信仰Ⅴ　民族と平和』（岩波書店、1982）、269–270頁。

ト教運動を展開していくことになる。

　特に金教臣と咸錫憲の両名は帰国後も朝鮮（韓国）無教会運動の中心となる。1919 年に来日した金教臣は書物を通して内村を知り、1920 年に内村と対面することになった。一方の咸錫憲は 1923 年に来日、24 年に東京師範学校で金と出会い、金を通して内村の下へ集うこととなった。

（1）内村の朝鮮観

　内村は、当時の日朝関係をどう捉えていたのだろうか。日韓併合前後のテキストから確認してみたい。まずは、日韓併合直前期にあたるテキストである。

　　○近頃、余輩の旧友にして朝鮮国京城在留の米国宣教師某君より余輩の許（もと）に書翰を贈り、其中に左の一節があつた
　　　我等当国在留外国宣教師全体の輿論に従へば朝鮮国は多分日本国に先きだちて基督教国たるべしとのことである
　　と、余輩は此事を聞きて一たびは甚だ喜び、又一たびは甚だ悲み、終（つい）には心を平かにして余輩の神に感謝した。
　　○余輩は朝鮮国のために此事あるを喜んだ、彼国は今や実際的に国土を失ひ、政府を失ひ、独立を失ひ、最も憐むべき状態に於てある、而（しか）して恩恵（めぐみ）ある神が地上に於ける彼等朝鮮人の此損失に対し霊の財（たから）を以て彼等に報い給ふとは然（さ）もあるべきことである、日本人の神は又朝鮮人の神である、彼は我に厚くして彼に薄き筈はない、神は必ず何物かを以て朝鮮人の地上の損失を償（つぐな）ひ給ふに相違ない、……余輩は朝鮮国が斯く恩恵（めぐみ）の父に恵まれんことを切に祈らざるを得ない。37)

　国籍はすでに天にある、という内村であれば、この世において国土、政府、独立を失うことよりも、神が「霊の財」を与えることの方が喜ばしいことになるのかもしれない。日本人の神が朝鮮人の神でもあることの自覚は同

---

37) 内村「朝鮮国と日本国　東洋平和の夢」1909、『全集 17』、68 頁。

第 2 節　海を越えるキリスト教　189

時代のキリスト者と比較しても内村の国際感覚を示すものといえるであろうが、政治的なことは政治的に解決せねばならないとすれば、内村の政治に対する無頓着さが裏目に出てしまったと見ることも可能である。続いて、日韓併合後のテキストである。

> 国を獲たりとて喜ぶ民あり、国を失ひたりとて悲む民あり、然れども喜ぶ者は一時にして悲む者も亦（また）一時なり、久しからずして二者同じく主の台前に立たん、而（しか）して其身に在りて為せし所に循（さば）りて鞠かれん、人、若（も）し全世界を獲るとも其霊魂を喪（うしな）はゞ何の益あらんや、……38)
> 余は朝鮮人中に善き信仰の友を有（も）つて居る、余は彼等と相会して我等は異人種である事を忘れる、我等の言語の能く相通ぜざるに関せず我等は心の深き所に於て最も明かに相互を了解する、……我等の根本的生命は一である、我等の最大問題は同じである、我等相対して人種を忘れ、歴史を忘れ、境遇を忘れて、唯言ひ尽し難き神の恩賜（たまもの）なる主イエスキリストを頌（ほ）めまつる。39)

このように内村は、日韓併合に対して批判的であり、朝鮮に対して好意的である。しかし、簡単に「人種を忘れ、歴史を忘れ、境遇を忘れ」たと言ってしまって、本当によいものであろうか。違いは違いとして正確に認識し、そこに問題があるのであれば、その解決のために最も適切なやり方でそれを解決しようと試みる必要があるように思われる。内村の態度について、たとえば新堀邦司は次のように評している。

> ……今日から見ると、内村の朝鮮観はやや徹底さに欠いていたと思われる。
> 　その一面が、今日、多くの識者が指摘している一九一九年の「三・一（サミル）運動」と関東大震災の時に起こった朝鮮人虐殺問題に対する彼の態度であった。これらの問題について内村は何ら言及していない。

---
38) 内村「領土と霊魂」1910、『全集 17』、332 頁。
39) 内村「相互の了解」1917、『全集 23』、274 頁。

朝鮮の無教会主義者たちは、こうした内村に強い不満を持っていたようだ。……

咸錫憲は、内村と教臣が朝鮮問題について話したことを証言し、次のように書いている。

「金教臣が朝鮮の独立の問題について尋ねると、先生（内村）が『イギリスのスコットランドのようになればよいのではないですか』と答えられたというのです。私たちはちょっと不満でした」（『金教臣全集』第二巻）。[40]

内村自身は日記に、朝鮮からの留学生たちとの交流を通しての所感を、以下のごとく記している。

朝鮮人は、福音の真髄が日本人よりも能（よ）く解るやうにも見え、亦解らないやうにも見える、何（いず）れにしろ目下の彼等に取りては独立問題の方が信仰問題よりも遥に重要であるらしく見えた、余自身に取りては朝鮮人はまだ不可解的問題である。[41]

率直に考えれば、「独立問題」が「信仰問題」の前に来ることは当然のようにも思われ、また「国籍は天にある」と言い切れる内村のような立場がむしろ極端であるようにも思われるであろう。このような内村の朝鮮理解に対する、朝鮮からの留学生たちの意識はいかなるものであったろうか。

彼ら留学生たちは、帰国すると、朝鮮において無教会主義キリスト教運動を展開するようになる。続いてはその関連について確認しておこう。

（2）朝鮮（韓国）無教会の成立

1927年、朝鮮に戻った金教臣は、自らの雑誌『聖書朝鮮』を創刊し、独立伝道を開始した。新堀によれば、「もともと彼らには無教会周知運動の旗

---

40) 新堀邦司、『金教臣の信仰と抵抗　韓国無教会主義者の戦いの生涯』（新教出版社、2004）、57頁。
41) 内村、1922年3月30日日記、『全集34』、32–33頁。

揚げをする意図はなかったよう」[42]である。しかし、「信仰に燃えて帰国した彼らの目に映った当時の既成教会の姿は形骸化した魅力のないものに見えた」という[43]。実際、「無教会主義集会の旗揚げはかなり注目されたらしい。だが、理解者はきわめて少なかった。日本人の内村鑑三を師と仰いでいるということで、民族精神のない輩だとのレッテルを貼られて既成教会から攻撃を受けた」[44]のである。

　ここでも、ナショナリズムの問題が登場することになる。内村の愛国心、日本への思いが、朝鮮の教派教会に属する人々からは、大日本帝国への思いであるように映ったのであろう。ちょうど、内村ら日本の初期キリスト者たちが、外来宗教であるキリスト教を信じることで精神的にも欧米に支配されてしまっているのではないか、と見做されたように、金等も内村の無教会主義を受け入れることで、精神的にも日本に支配されることになると考えられたのである。しかし金はそれに対して次のように反論したという。

　　現に教臣は、内村鑑三の信仰に真の「愛国心」を見て取っている。教臣自身は、内村に触発されて朝鮮人としての矜持を固くもち、心から朝鮮を愛したのであった。[45]

(3) 金教臣、咸錫憲の内村理解

　ここで、金教臣、咸錫憲の言葉を通して、彼の内村理解を確認しておこう。まず金からである。

　　内村式無教会主義とは何か、私が学んだところでは『教会外にも救あり』と言ふ事が内村式無教会主義の全部である。……羅馬の天主教会が「教会の外に救なし」と言ふた時に「教会の外に救あり」とプロテストしたのがルッターの宗教改革であり、凡ての新教教会が旧教に退化しや

---

42) 新堀前掲書、35頁。
43) 同前。
44) 同前、36頁。
45) 同前、55頁。

うとする時に、も一度「教会の外に救あり」と主唱したのが即ち内村式無教会主義といふものである。[46]

……私たちが内村先生のもとで無教会主義を学んだ者である、と理解する者があるが、これは大変に誤認である。……私たちが十年に互って内村先生から学んだものは無教会主義ではなく「聖書」であった。「福音」であった。[47]

このように金は、内村が日本において外国人の手と言葉からではなく、直接聖書によって神と繋がろうとしていたように、自分たちも朝鮮においてそれをしようとしているのだ、と説明している。無教会主義という特定のキリスト教信仰があるのではなく、やり方としての無教会を朝鮮において実践しようとしているのだ、ということになる。

続いて咸である。彼もまた、無教会主義を受け入れることについて、次のように表現している。

無教会信仰とは直接単純に神様のみを知ろうとする信仰であり、イエスが示して下さり、パウロが教え、ルターが主張したとおり、信仰によって義とされることを受けとる信仰そのままを持とうとすることである。[48]

直接単純とは、内村の求めていたあり方を絶妙に表現していると言ってよいのではないだろうか。内村自身、たとえば単純さについては「単に信仰を以て、単純なる信仰を以て、永生獲得の恩恵に与かることが出来る」[49]と述べており、直接性については「私は人間として神より直接に真理を授けら

---

46) 金教臣「内村鑑三論に答へて」、「内村鑑三・金教臣・朝鮮関係資料（1）」『内村鑑三研究 25』（キリスト教図書出版社、1988）、165 頁。
47) 金、「私の無教会」、丹羽泉訳、「内村鑑三・金教臣・朝鮮関係資料（2）」『内村鑑三研究 27』（キリスト教図書出版社、1989）、125-6 頁。なお、引用中「互」とあるのは「亙」の誤りではないかと思われる。
48) 咸錫憲、「無教会信仰と朝鮮」『咸錫憲著作集 4　新しい時代の宗教』（森山浩二訳、新教出版社、1994）、10 頁。
49) 内村「来世獲得の必要」1913、『全集 20』、91 頁。

れ、其伝播の特権を有つて居るものであります」と述べている[50]。八木誠一は直接性を「パウロが『人を殺す文字によらず人を生かす霊による』（Ⅱコリント三・六参照）と称したような感情（感覚）や思考や行動」[51]としたうえで、「内村には『直接性』的な思考と行動が目立つ」[52]と評している。これらの精神は、確かに金、咸らに伝わっていたのである。

このような朝鮮（韓国）における無教会主義のはじまりと展開について、その後の韓国無教会キリスト者劉熙世は次のように概括している。

> ……『無教会史Ⅰ』の序において、「無教会とは内村鑑三によって創始された福音的キリスト教の日本的展開であり」と定義されているが、もしこれが真理であるならば、この日本的展開なる領域の中に韓国関係が包まれる余地はない。
>
> ルターの発見せる福音がまたたく間に全欧州に広がり世界史の方向を換えてしまったが、それは福音的キリスト教のドイツ的展開なのだろうか。人も知る、彼の福音は彼の塔の経験に源を持つ。それはドイツ的も何もあったものではない。ロマ書七章二四節におけるパウロの呻きの追体験ではないだろうか。私たちは『求安録』の結びのことば……において内村によるパウロへの、ルターへのはげしい追体験を読むものである。それは内村の創始でもなく、日本的展開でもない。はるかにそれら以上のものではないか。[53]

劉は、内村の体験がルターやパウロと同質のものであり、金や咸もまたそれに共感できる性質のものであった、と考えているのであるだろう。内村が発見した、というよりも、神が内村やルターやパウロに与えたものであったのである。神に直接対面させられる際の人間には、ある種の普遍性がある、と言ってもよいであろう。しかし、特定の文化や民族性、国籍をまとった特

---

50) 内村「宗教座談　教会の事」1900、『全集 8』、123 頁。
51) 八木誠一「内村鑑三における直接性」2006、『内村鑑三研究　第 39 号』（キリスト教図書出版社）、83 頁。
52) 同前。
53) 劉熙世、「韓国無教会」『無教会史Ⅱ　第二期　継承の時代』（無教会史研究会編著、新教出版社、1993）、239–240 頁。

定の人間が、神と人間とのあいだに入り込むときに、神との直接的な関係性が阻害されることがあり得るのである。欧米ミッションの拠点から遠く海を隔てた日本において、内村は文化の違いを乗り越える直接的信仰を、神から与えられたのではないだろうか。

まとめに代えて

　内村鑑三の無教会主義に関して、プロテスタント・キリスト教を究極的なあり方までつきつめた形態、と考えることも可能である。しかし、一方ではプロテスタント・キリスト教の、骨組み・核となるもののみを見出そうとした結果の形態、と考えるもまたできるのではないか。

　日本とアメリカは海を隔て遠く離れている。その日本に、アメリカの教会組織の仕組みをそのまま移植するのではなく、日本独自の教会の成立を目指そうとし、さらにそこにミッションの意向に従って教会運営を監督する宣教師も存在しないようになったとき、内村らが造り出したのはプロテスタント・キリスト教会の骨組みだけを抜き出したものだったのである。

　その骨組みがもとになって、どのような「自然な発展」をするかは、その後の問題である。無教会主義自体は、とりたてて「日本的」ということではなく、最小限度のプロテスタント・キリスト教なのである。余白が多い分そこに日本的特性を表現することができる。

　朝鮮から来た青年たちが「愛国者」内村の考え方を受容できたのは、その国を愛するやり方が、内村が日本を愛するようなやり方で、自分たちは朝鮮を愛するのだ、と思えるものだったからである。同じように内村の無教会主義キリスト教を受容することができたのも、金をして「我々は無教会主義ではなく、聖書を、福音を学んだのだ」と言わしめる、その骨組み性にあると考えることができるのではないだろうか。

　そうであるならば、無教会主義キリスト教はある文化が海を越えて他の文化圏に伝えられるときの、土着のため変わる部分と、変わらず残る部分との関連について、我々に多くの示唆を与えるものであるということができるだろう。

第6章

結びに代えて
共同実地研修調査報告

第1節

島国文化のトライアングル
──済州島・沖縄本島・五島列島──

森 田 雅 也
文学部文学言語学科教授

1 済州島実地研修旅行報告

◎2011年度大学共同研究「海を隔てた文化交渉史～漂流・追放～」(研究期間 2011. 4. 1～2012. 3. 31) の研究成果の一部である。

▶日　　程
2012年2月24日 (金)～27日 (月)

▶目　　的
　済州島は古代には耽羅と称し、三姓穴に現われた三神人の開国伝説がある。百済ついで新羅に属し、高麗ははじめ郡、ついで県とした。しかし王族は新羅以来代々皇主・王子の爵号を称し、朝鮮初期に至るまで隠然たる勢力を保った。高麗元宗が元に降服した時、叛乱軍三別抄が入拠し、日本に元寇として、元軍が駐屯した際も、抵抗激しく、その後も島民の叛乱が繰り返された地として知られる。李氏朝鮮時代は、政治犯を中心とした流刑の地となり、近世初頭の朝鮮王として君臨した光海君がクーデターによって「追放」された地としても有名である。また、古代からその激しい潮流のために島付近で「漂流」することが多く、日中韓交流の場であった。また、潮流、風向きの方向性から、琉球王国との間に漂着者の交換も多く、互いの文化交流に役立ってきた。さらに日本で最も在日韓国・朝鮮人の人口の多い大阪生野区

のコリアタウンに住む在日の9割は、済州島出身者といわれるように、大阪との濃厚な文化交流の歴史もある。したがって、本年度の研究テーマの実地研修に最もふさわしい地として選んだ。

調査経過・成果報告

　2月24日。済州島到着後、済州大学校人文大学学部棟3Fにおいて、合同学術研究会を実施。まず、森田が「海を隔てた日本と朝鮮の文化交渉史～漂流・追放～」と題し発題。済州大学参加メンバー（済州大学校国文国語学科教授「許南春」氏、同碩座教授・アジアパシフィック海洋文化研究院長「朱剛玄」氏、同社会学科教授「趙誠倫」氏、同史学科教授「金東栓」氏、同日語日文学科教授「李昌益」氏）にコメンテーターとしてご意見をいただいた後、研究会参加メンバー（岩野・田中・中谷・塚田・山）とシンポジウムを行った。通訳は高麗大学校傳任研究員「韓承佑」氏にお願いした。他4名参加。

　2月25日。済州島見学。北から南へ、南から北へハルラサンの麓を一気に往復した。「三姓穴」、「万丈窟」「城山日出峰」など世界遺産、「済州民俗村博物館」、「ウェドルゲ」「城邑民俗村」を見学した。「韓承佑」氏の通訳は旅行行程中すべてお願いした。

　2月26日。国立済州大学碩座教授・アジアパシフィック海洋文化研究院長・韓国海洋水産部総括政策諮問委員「朱剛玄」氏、済州島文化遺産解説士「文景美」氏の特別解説による済州島西部海洋遺跡踏査。李朝時代の旧港、旧灯台、旧城郭「禾北鎮城（1678年）」跡等。海女博物館も見学。

　2月27日。済州大学校へ帰国の挨拶。国立済州大学校在日済州人センター訪問。専任研究員「金寶香」氏による解説。済州島民俗自然史博物館訪問。「洪性甫」同館長より海洋研究についてのレクチャーを受けた。以降帰途。

　共同研究会としては、今回の研修旅行によって、済州大学の人文学部と海洋文化をテーマに学術交流するという場を得た。また、森田は同年9月14日に耽羅大典国際学術会議に出席し、「海が運んできた異文化との遭遇～日本漂流文学の系譜と済州文化」と題して発表を行った。

第 1 節　島国文化のトライアングル　199

（1）森田「海を隔てた日本と朝鮮の文化交渉史〜漂流・追放〜」発題とシンポジウム（於済州大学校人文大学学部棟）。

（2）済州島「三姓穴」

第1節　島国文化のトライアングル　201

(3)「万丈窟」

(4)「城邑民俗村」

(5)「城山日出峰」

(6)「ウェドルゲ」

(7) 済州島西部海洋遺跡踏査（アジアパシフィック海洋文化研究院長「朱剛玄」氏解説）

(8) 旧灯台

(9) 旧港付近

第1節　島国文化のトライアングル　　207

調査において御高配いただいた朱剛玄先生に記して感謝申し上げたい。

黒潮海流の進路と済州島周辺の海流図
（出典）『耽羅物語』済州特別自治道パンフレット13頁より。

2 沖縄実地研修調査旅行報告

◎2012年度大学共同研究「海が運んできた異文化との遭遇～流罪・海賊・侵略～」（研究期間 2012. 4. 1～2013. 3. 31）の研究成果の一部である。

▶日　　程

2013年2月22日（金）～24日（日）

▶目　　的

　琉球王国（沖縄）が日本を含む周辺国（異文化）といかに文化交流を行ったか、という研究課題を探究するため、むしろ、琉球王国の独自な島国文化を分析することから始めることとした。今回は、沖縄が世界遺産として登録されるに至った「琉球王国のグスク（聖所と城塞）遺産群」を中心に実地調査を行うこととした。

▶調査経過・成果報告

　22日（金）午前、大阪伊丹空港に集合。午後、沖縄那覇空港着。貸し切り大型タクシーで移動。（今回は辺鄙な場所での踏査が多いこと、案内役の人も同乗する場合があること、初日・最終日荷物を持って移動するに便利なことから、全日程、大型タクシーを貸し切り、交通手段とした。）沖縄本島南部を調査した。

　現地は豪雨と突風のため、当初の予定を大幅に変更した。

　最初に世界遺産「玉陵」を調査した。尚氏王統の遺体を安置する聖地「玉陵」は、太平洋戦争の沖縄戦で大きな被害を受けながらも、その後、復興をとげ、世界遺産となったが、沖縄最大の墳墓遺跡としての重要性とともに長く聖地として、沖縄南部の人々の信仰が守られていることを学んだ。

　続いて首里城公園へと踏査調査を行った。守礼門は改修中であったが、今回の調査目的からは主たる見学場所ではない。むしろ、世界遺産「園比屋武御嶽石門」が重要であった。尚真王に建てられた、この沖縄を代表する石造遺産は、今なお礼拝所として利用されていることに驚いた。「首里城」は、博物館としての機能もあり、琉球王国の歴史と文化を概括的に学ぶことができた。今回のグスク調査の目的においては、観光化しているものの、やはり

祖先礼拝聖所の名残を認めた。沖縄戦時、日本軍本部が設置されていたため、被害が大きく、戦後その信仰の地としての役目を十分に担えなかったという経緯が理解できた。

　首里城に隣接するように「沖縄県立芸術大学附属研究所」がある。その伝統芸能部門では、沖縄の伝統芸能が研究されているが、この中にある「沖縄県立芸術大学芸術文化学研究科教授久万田晋」氏の大学院研究室を訪問した。久万田晋氏から、琉球芸能の実演演習と研究を通して、沖縄の伝統文化の創造と発展に寄与しようとする研究姿勢と取り組みぶりを説明していただいた。我々もメンバーから質問させていただき、研究交流の場を持った。

　当初の予定では、この後、本島中部西側にある「座喜味城」・残波岬を見学調査する予定であったが、豪雨のため断念した。グスク研究のためには「座喜味城」は外せず残念であった。万座毛は見学したものの天候悪く、調査に至らなかった。

　23日（土）天候は回復し、早朝から沖縄本島北部グスクを代表する世界遺産「今帰仁城」、その城趾を含む旧「今泊」集落を見学調査した。案内役として、「今帰仁グスクを学ぶ会事務局長山内道美」氏に同行いただいた。山内氏の博学に助けられ、グスクの石積み・廓・聖所としての機構、海洋文化交流、ノロなどの民間信仰など他分野にわたって琉球王国文化を教えていただいた。特に「今帰仁城」から眼下港湾を一望し、中国との交易・薩摩・琉球慶賀使節団としての機能の説明をいただいたのは実地調査ならではあった。古代琉球王国北部の繁栄と聖地グスクとしての「今帰仁城」の存在を十分に把握できた。

　当初、北部の孤島「古宇利島」を見学調査する予定であったが、島で駅伝などのイベントがあり、交通規制のため、調査を断念し、「今泊」調査に時間をかけた。「古宇利島」は「沖縄版アダムとイヴ」と呼ばれる伝承があることで有名であるが、天孫降臨伝説でもあり、地下より神が現れた先年の済州島耽羅国の国造り伝承との比較のためにも訪れたかった。

　午後は「沖縄美ら海水族館」を見学調査した。現在の沖縄に生息する海洋生物を学ぶという面だけでなく、古代琉球王国時代からの漁業・海運などによる島国としての海洋文化交流の面も学習することができ、有意義であった。

続いて、沖縄北部の現在の拠点名護市へと移動した。名護城グスクを見学する予定であったが、踏査ルートが厳しく、「名護博物館」見学に代えた。

沖縄北部は高速道路がないため、移動距離が少なかったが、地元のドライバーであったので効率よく調査ができた。

24日（日）最終日は沖縄本島中部に移動して調査を行った。当初、「うるま市石川歴史民俗資料館」の見学を予定していたが、古代グスク研究に絞るため割愛した。目指した「勝連城跡」は改修中であったが、最上階にあたる一の曲輪まで上った。

勝連城は、琉球民話・琉球芸能によく登場する英雄『阿麻和利』の居城として知られるが、グスク研究としても沖縄中部を代表する遺跡の一つである。研修としては、特に案内を頼まなかったが、詳細の説明は近くの中城でうけることとした。

その中城城跡に向かう前に、伊計島を中心とした孤島四島を回った。ここは遠浅を利用した干潟漁法と独特の帆船による古代漁法が有名であるが、すでに殆ど伝承されておらず、「うるま市立海の文化資料館」に展示されているだけであった。資料館では説明を受け、当館の研究報告書をいただいた。

続いて、世界遺産「中城グスク」の調査を行った。案内役は「中城城跡共同管理「グスクの会」」の「比嘉清喜」氏にお願いした。古代琉球王国の三国鼎立時代から、沖縄本島中部における中城グスク・勝連グスクの聖所、城郭機構、石垣工法の特色などについて説明を受けた。また、琉球伝統芸能の題材である、「勝連城」の城主『阿麻和利』と「中城」の城主『護佐丸』との決戦、英雄伝説についてもお話しいただいた。

夕刻。那覇空港から伊丹への帰途についた。20：45　伊丹空港着・解散。

(1) 世界遺産「玉陵（たまーうどぅん）」

沖縄県那覇市、後述の「首里城」近くに存する「玉陵」は、琉球王国第二尚氏王統の遺体を安置する沖縄最大の墳墓遺跡である。日本に残る墳墓遺跡は古代古墳時代より含めれば枚挙に暇がない。尚氏については15世紀初頭に尚巴志が沖縄本島を統一し、これが第一尚氏。1470年新王朝に代わり、第二尚氏と呼んでいる。琉球国の「王墓」という点では意義深いが、単に一

地方の支配者の王墓遺産とすれば、鎌倉期から続く守護大名の歴史の方がはるかに長かろう。

「玉陵」が注目できるのは、今なお続く琉球の聖地として、信仰の場であるという点である。世界遺産として、平成12（2000）年に世界遺産として登録された際も「琉球王国のグスク及び関連遺産群」の一つとしての存在意義による。

したがって、画像の玉陵墓室石牆は国の重要文化財建造物であるが、写真に納まりきらない聖地「玉陵」という小さな丘全体が国指定史跡なのである。これは奈良県桜井市三輪町の「大神（おおみわ）神社」が三輪山を神体山とし、太古以来本殿を持たないのと似ているが非である。「グスク」以外の何物でもない。

本研修旅行の大きな目的は沖縄の島国文化の生成過程を探究するところにあったが、信仰の聖所であり、国防の城塞でもある琉球独特の「グスク」を南から北まで実地踏査することで、琉球人の心の拠り所を垣間見ることが出来た。

(2) 世界遺産「園比屋武御嶽石門（そのひゃんうたき-いしもん）」

同じく、沖縄県那覇市、後述の「首里城」「守礼門」近くに存する「園比屋武御嶽石門」は、石門自体は永正16（1519）年に建立。昭和8（1933）年、国宝に指定されたが、沖縄戦の戦禍を被り大破。戦後、修復され、昭和47（1972）年、重要文化財に指定されている。さらに平成12（2000）年「琉球王国のグスク及び関連遺産群」の一つとして世界遺産（文化遺産）に登録された。

「玉陵」同様、石門と後方の山地を総称して園比屋武御嶽と呼び、信仰の聖地、いわゆる「拝所（うがん-じゅ）」である。「拝所」とは、沖縄地方で、神を拝む場所または神がたどり着いたとされる岬などもさすが、ここは多くの観光客が行き過ぎ、記念撮影に興じる「守礼門」の傍らにひっそりとありながら、今も神を拝む聖地として尊崇をあつめている。

「グスク」の語を一言で定義するのは困難であるが、「御嶽（うたき）」という集落の聖所と同質とも言える。今日的な解釈ながら、この石門はいわば、仏教における結界にあたるであろう。無数の観光客に取り囲まれ、朱に輝く「守礼門」との差異が印象的であった。

(3) 首里城と「グスク」

　史跡としての首里城に関しての説明は今更であろう。前述の尚氏の居城となった琉球王朝の城である。沖縄戦で焼失したが、守礼門・正殿などを復元して今日に至っている。

　しかし、この地も「グスク」として、首里杜（もり）、真玉（まだん）杜と称される二つの聖所が存在した。当日は豪雨となり、調査を断念したが、沖縄本島の古城は海防、国防ともに、そのほとんどが聖地としての機能も有していたのではあるまいか。

(4) 守られ伝承されている琉球伝統芸能

　日本の「国立劇場」とは、演劇文化の保存、継承、振興のため設けられ、東京都の「国立劇場」、同敷地内の国立演芸場、国立能楽堂、新国立劇場、大阪市の国立文楽劇場があるが、沖縄にも「国立劇場おきなわ」がある。沖縄の組踊、琉球舞踊、琉球音楽等の定期公演、普及公演が催されているが、その伝統芸能を次世代に継承するさまざまな取り組みを研究している機関で

ある。能、歌舞伎、文楽が世界的に注目される芸術となった反面、限られた聴衆を除いて非日常的芸術鑑賞に追いやられている感があるが、沖縄の人々にとっての琉球芸能は日常の中にあるのだと、古典伝統芸能の研究者でもある私は、羨ましく思われた。つい、土産として「さんば」を買ってしまったのも琉球芸能へのリスペクトからであった。

(5) 世界遺産「今帰仁（なきじん）城」

　一般的には沖縄県国頭郡今帰仁村今泊にある城跡を指すとされる。琉球においても三国鼎立時代（14世紀初～15世紀初）があった。したがって、本研修踏査も当初、その三山、すなわち、山南（南山）→山北（北山）→中山を企図したが、豪雨豪風のため、現地で修正を余儀なくされた。今帰仁城は、別名北山城（ほくざんじょう）といい、山北の主城として繁栄したが、応永23（1416）年（一説では1422年）中山の尚巴志（しょうはし）により滅ぼされた。その後、琉球王国北辺の統治拠点として、山北監守（今帰仁按司（あんじ））が設置されていたが、慶長14（1609）年、薩摩の琉球攻めの際、落城した。城壁が比較的よく保存されており、沖縄石造建築のレベルの高さを知る。その石積みや各廓も含めた要塞としての機能は、公式サイトhttp://nakijinjo.jp/history.html に詳しい。

　専門外ながら、百曲がりに積まれた石積みの見事さは、近世初期に大成し、名城には欠かせない「穴生積み」と比べても遜色はないと思う。ここまでではないにしても琉球城壁の石積みのレベルの高さは南・中でも確認できた。

第1節　島国文化のトライアングル　217

(6)「グスク」としての「今帰仁(なきじん)村」

　「グスク」という観点から定義すれば、今帰仁城は、今帰仁村グスクの一角と言ってよい。以下、長くなるが『日本歴史地名大系』よりの項目を引用する。

　グスクは大型グスクで、海に面した今泊(いまどまり)集落の南約1キロにある石灰岩丘陵上、標高約80-100メートルに位置する。13世紀に築かれたといわれるが、詳細は不明。「琉球国由来記」に「城内上之嶽」「城内下之嶽」の御嶽がみられるほか、主郭に祀られた火神(ひぬかん)、「おもろさうし」13巻に謡われた金比屋武(かなひやぶ)などの拝所がみられる。グスクの東側は断崖となった深い谷で志慶真(しげま)川が流れており、北と西側は緩やかな段丘状の地形をなす。石灰岩を積んだ城壁は野面積みで屏風形に曲線を描いて造られており、高さは6-10メートル、上部の幅は213メートル、総延長約1・5キロに及ぶ。北から西側にかけては二重に巡らされ、最も高い所では約7メートル・幅約4メートル。グスクはこの石垣に囲まれたそれぞれ主郭(本丸と俗称)・志慶真門(しじまじよう)・御内原(うーちばる)・大庭(うーみやー)・大隅(うーしみ)・カーザフなどと俗称される九つの郭からなる多郭式のグスクである。

　1980年(昭和55年)からの史跡整備事業に伴って志慶真門郭と主郭の発掘調査が行われた。城内で最も東に位置する志慶真門郭は平場を造成した様子がうかがわれ、円形の炉がある平面方形の住居跡や、主郭まで続く石段、石畳道を検出し、家臣の屋敷跡であったと推定される。13世紀後半-16世紀の遺物が出土し、人工遺物の80パーセント以上が青磁・白磁・元様式の染付(青花)などの中国製陶磁器で、ほかには朝鮮・日本・タイやベトナム産などの陶磁器・勾玉などがある。炭化米・麦などの食物残滓もみられる。主郭では大きく四時期の遺構が確認された。第一期は土留石積みに版築の技法がみられるが、これは沖縄で初めて確認された版築で丁寧な造りとなっている。その上に掘立柱建物を建てて柵が巡らされており、13世紀末-14世紀初頭と考えられている。第二期は14世紀前半-中頃の、石積みの城壁が登場した時期で、翼廊付基壇建物が礎石の上に建っていた。14世紀中頃からの第三期には基壇が埋められ雑な版築によって平場を広げ、基壇のない礎

石の建物が存在しており、北山監守が設置された第四期にも礎石立ちの建物があった。遺物はやはり中国製陶磁器が多く13世紀末－17世紀と幅は広いが、14世紀後半－15世紀の青磁・白磁が最も多い。グスク周辺にはミームングスクやターラグスクなどの石積み遺構があり、出城ではないかと考えられている。

　すなわち、今帰仁も「御嶽」の地であり、城内外には今も聖地の拝所がある。同時に今帰仁村は、三国時代の山北（北山）の首府として、沖縄本島よりも海外との交易が盛んであり、朝鮮・日本など海洋文化の交差点であったことがわかる。特に運天港は天然の良港で、源為朝伝説もある、古くからの貿易港および避難港であった。逆にその至便さにより、薩摩軍の琉球上陸港にもなり、ペリー提督の通商交渉に利用されたのも理解できる。

城内上の御嶽（テンチジアマチジ）

山北今帰仁城監守来歴碑記

第 1 節　島国文化のトライアングル　　221

今帰仁村のフクギ並木

今帰仁村に限らず沖縄のT字路や三叉路の突き当りなどで見かける「石敢当」。今も根付く古代中国からの渡来した魔除けのための俗信である。

今帰仁村の神アサギ（今帰仁村歴史文化センター）

今帰仁村とノロ

(7)「勝連城跡（かつれんぐすくあと）」

　沖縄県うるま市にある勝連城跡もまたグスクである。13世紀ごろに創建され、代々勝連按司（あんじ）の居城として繁栄したが、長禄2（1458）年に中山王によって城主阿麻和利（あまわり）とともに滅んだ。

　阿麻和利は、後述する中城城を居城とした護佐丸（ごさまる）を滅ぼし、さらに琉球統一をめざし、国王の居城である首里城を攻めたが落城して滅びた。この阿麻和利が護佐丸を討ち、首里城攻略目前に迫りながら、宴席で護佐丸の二人の遺児に討ち取られる経緯は琉球芸能・組踊の創始者、玉城朝薫『二童敵討（にどうてきうち）』（1716）に脚色され、今も人気を得ている。

　勝連城の特徴は、本来この丘には、古代にグスク集落がありながら、その集落が移動した跡、その聖地を取り巻く形で城塞が造られたところにある。そのため、場内には多くの拝所があり、今も守られている。世界文化遺産「琉球王国のグスクおよび関連遺産群」として2000年に登録されている。

(8) 中城城跡（なかぐすくじょう）

　沖縄県中頭郡（なかがみぐん）にある城跡。前述の護佐丸が永享12（1440）年ごろに築造したと伝わるが、正確にはそれ以前からすでに存在した城に彼が増築の手を加えたもの、というのが真相らしい。護佐丸はこの城を拠点に勢力を広げたが、ライバル阿麻和利により滅ぼされたという。曲線を描く城壁と美しい拱門（アーチ型の門）が第二次世界大戦の被害を免れたこともあって、よく保存されており、日本100名城の一つとされている。嘉永6（1853）年にこの城跡を見学したペリー提督派遣の調査隊もその築城技術を絶賛したことが、ペリーの著書『日本遠征記』に書かれている。国指定史跡。2000年世界文化遺産に登録。なお、我々が初日に豪雨のため、調査を断念した座喜味城（ざきみじょう）も護佐丸が築城しており、彼は首里王府を謀反の疑いのある勝連城主の阿麻和利から守るため、中城按司として牽制した忠臣とされている。

「三の郭」相方積み(亀甲乱積み)である。

「裏門」拱門(きょうもん)(アーチ型の門)

「北の郭」相方積み（別名、亀甲乱積み）である。

「拝所」（城内に8つの拝所があり、今も聖地である）

「正門付近」

「二の廓」石積みは布積みである。

3　長崎と五島列島の実地研修調査旅行報告

◎2013 年度大学共同研究　島国文化の生成研究～海洋世界が育んだ孤立と共生～（研究期間 2013. 4. 1～2014. 3. 31）の研究成果の一部である。

▶日　　程　2014 年 3 月 7 日（金）～10 日（月）
▶目　　的　アジア海洋世界を漠然と地図の上で見るとき、済州島、沖縄と三角形（トライアングル）をなすのが日本の西の橋に位置する五島列島である。この三年間進めてきた島国文化の研究の総仕上げとして、歴史上、耽羅国、琉球国、日本国、中国の文化交流を支えたであろう五島の島々を実地調査することとした。含めて、済州島、沖縄に認めたシャーマニズムを元とした信仰に対し、島国において純化した信仰は何であろうか。答えとして予測できる「隠れキリシタン」とはいかなるものか、探究することとした。
▶調査経過・成果報告

　2013 年度第 4 回研究会は、メンバーと各班合同全体研究会として、長崎と五島列島の実地調査研修旅行とした。

　研修目的として、近世における五島列島のキリシタン信仰の推移、それ以前の中世における五島・福江島を中心に活躍した王直率いる倭寇による海洋世界の支配、近代日本初期における潜伏キリシタンの存在等を調査し、五島という島国がいかに独自に島国を形成していったかを実地研修することを目的とした。また、その形成に最も影響を与えた九州の長崎文化について、出島などを中心に調査した。詳細報告は以下である。

　7 日。大阪から飛行機で長崎に向かい、長崎を調査した。「大浦天主堂」、「平和公園」、「永井隆・如己堂」（車窓）を見学。五島出身者も眠る「日本二十六聖人殉教地」を訪問し、記念館を見学した。その後、「出島和蘭商館」を見学。鎖国下の島国日本の実態を研修した。オランダ坂見学を経て、活水女子大学を訪問。「活水学院院長奥野政元」先生を表敬。調査への助言を得た。グラバー園、大浦天主堂は自由見学とした。

　8 日。長崎空港を発し、午前中に五島福江空港到着。「武家屋敷通りふるさ

と館」へ。ガイドとともに福江島散策、江戸時代末の海防のために建築された福江島城、「五島市観光歴史資料館」等を研修見学。古代からの海の道としての五島、遣唐使と関係のあった五島、倭寇と深く関わった五島、何百年も捕鯨基地として栄えた五島、隠れキリシタンとしての五島等多方面から五島の島国文化を知り得た。それは侵略者、漂着者との邂逅、異文化交流による孤立と共生そのものであった。「堂崎教会」を見学するとともにキリシタン資料館にて、五島におけるキリシタン布教から弾圧、明治維新による解放と再びの取り締まりについて研修した。また、空海上人ら遣唐使と関係深い「明星院」（五島氏菩提寺）を見学した。（福江泊）

9日。空海が遣唐する際の「辞本涯の碑」周辺を散策、「スケアン（石干見漁法遺跡）」を見学した。今も礼拝が守られている教会、無人教会となって巡回教会となっている教会など、五島教会群とその信仰の実態が一気に調査できた。「楠原教会」、「水ノ浦教会」、「渕ノ元カトリック墓碑群」、「三井楽教会」、「貝津教会」、「井持浦教会」である。また「大宝寺」等仏教文化遺跡を廻った。加えて限界集落にあり、四世帯によって建設され、今も一人の信者に守られている「繁敷教会」を見学した。（福江泊）

10日。早朝より、福江港より奈留島に渡航し、国の重要文化財無人教会江上教会、管理している奈留教会を訪問、見学した。福江港を経て、福江空港発福岡空港経由伊丹空港に着いた。

　キリスト教は、フランシスコ・ザビエルによる布教開始以来、西日本から急速に全国に広まった。特にその初期、ポルトガルとの貿易港として開かれた長崎にはイエズス会の本部が置かれ、日本における布教の重要拠点として教会堂をはじめとするキリスト教文化が栄えた。今回の調査において、長崎は1日だけであったが、「日本二十六聖人殉教地」で確認したように、日本におけるキリシタン禁教政策の弾圧の原点の姿を残しながら、徳川幕府の監視の目をかいくぐり、したたかに信仰を続けた地であったことを知った。中でも五島に住むキリシタンは存外、取り締まりが緩く、何とか生き延びたところに島国特有の孤立性と共生性を見出すことができた。五島は他にも文化遺産が多く、自然景観のすばらしさとともに、独自の島国文化を形成してきた。その意味では、最も本年度研究テーマにふさわしい研修の場であったと

いえる。

　その後、政府は2014年9月17日、日本政府は世界遺産条約関係省庁連絡会議を開き、2016年のユネスコ（国連教育科学文化機関）の「世界文化遺産登録」に向けて、「長崎の教会群とキリスト教関連遺産」を推薦することを決めた。この視点から鑑みれば、我々研究グループの調査研究は先見性を有しており、今回、関西学院大学の共同研究として先鞭を記したことは、今後、この分野の研究において、関西学院大学として本格的に研究推進を行う場合の橋頭堡を築き上げたこととなり、大変、重要な役割を果たした研修旅行となったといえよう。

(1)「出島和蘭商館」跡

　江戸時代の長崎は、何と言っても出島があり、鎖国下にあっての唯一の世界への窓口であった。看板にもあるように寛永11（1634）年、元来は江戸幕府がポルトガル人を居住させるために長崎の有力商人25名に造らせた扇形の「島」であった。しかし、鎖国政策としてポルトガル人追放以後は中国以外で唯一正式外交が許されたオランダ人が幕末まで居住した。（※ただし、江戸時代は他にも朝鮮、琉球とも国交があったので、ドイツ人医師ケンペルが用いた「鎖国」という語が正しいとは言えない。）後に北方の出島橋で市街と連絡した。甲比丹（かぴたん）部屋・紅毛人部屋・倉庫・通詞会所などあり、奉行所役人・入札商人・遊女・人夫のみ出入を許可された。

江戸時代を代表する小説家、井原西鶴（1642〜1693）の浮世草子には、三都（江戸・京都・大坂）について、長崎の地が多く取り上げられ、丸山遊廓はもちろん、「長崎商い」で投機的商いをし、一喜一憂する話も出てくる。「長崎商い」とは、長崎や長崎市法会所でオランダ・中国からの輸入品を日本全国の商人が自由に入札する制度で「宝の市」とも呼ばれていた。一攫千金を夢見る商人たちには、とても魅力的な商いであるが、長崎までの渡航費・入札参加費に加え、最低入札価格が100万円を軽く超える大商いがほとんどのため、結局、京、堺などの大資本家しか落札出来なかった。それでも商人たちは憧れ、居宅を売り払ってまで勝負に出た者が数知れずであった。『日本永代蔵』［元禄元（1688）年刊］巻5の1「廻り遠きは時計細工」にも、長崎商いの対象が中国製生糸、唐織物、漢方薬原料、鮫皮、伽羅木などだけでなく、「例えば、神鳴の褌、鬼の角細工、何にても買ひ取り、世界の広き事、思ひしられぬ。」と、国際性乏しい島国日本の西鶴なりの驚嘆と未知の世界との遭遇ができる場としての長崎への賞賛が吐露されているといえよう。この境涯はおそらく、西鶴も一商人として、長崎商いを見聞した体験があってのことであろう。物語には、東インド、モルッカ諸島セラム島特産の火喰鳥やコモドドラゴンを買いつける話などもあり、現在の多くの人々が江戸時代に象やラクダが渡来していたと知るだけで、その意外な国際性に驚くが、実際は長崎の地は、世界を垣間見ることができる場所であったのである。もっとも西鶴のニックネームは「阿蘭陀西鶴」であったが、これを説明すれば俳諧の文学史を語らねばならないので、ここで止めたい。ちなみに、西鶴とまったく同時期に活躍した俳諧師松尾芭蕉（1644〜1694）の高弟・向井去来（1651〜1704）は長崎出身であるが、向井家は中国から輸入される、唐船持ち渡り書すべてに禁制のキリスト教に関わる書物がないかチェックすることを職務としており、幕末まで続く向井家は書物改役として、再三、手柄を立てている。これも長崎が国際港であった所以の職制であろう。
　ただ、江戸時代において、九州の中で経済が最も栄えたのは、西国筋郡代役所が置かれていた豊前（今の大分県）の天領日田であった。長崎は長崎奉行が置かれ、日田と長崎街道で結ばれ、豊かな都市となっていった。
　当時、もう一つの面で長崎が注目されていたのは、蘭方医を養成する場で

あったことである。西洋医学を学ぶことは、キリスト教との接点を残すこととなり、幕府からは危ぶまれたが、医学の知識を有する宣教師の入国を拒否した日本では漢方医学しか知らず、画期的な場であった。昂じて、案のごとく、幕末にシーボルト事件を起こしてしまうが、シーボルト（1796〜1866）が長崎近郊に設けた診療所兼学舎の「鳴滝塾」は、二宮敬作、美馬順三、岡研介、高良斎、高野長英ら50余名の医学、自然科学者を輩出した功績は大きい。ちなみに二宮敬作はシーボルトの遺児「楠本いね」を養い、通称「オランダおいね」と呼ばれる、わが国最初の女性産婦人科医としたことは有名である。

　ところで、筆者森田は私事で2014年8月、オランダ・ライデン大学を訪問し、ライデン市にある「シーボルト・ハウス」を見学する機会を得たが、並々ならぬ当時の日本のジャンルを問わない蒐集物が展示されており驚嘆した。江戸時代の研究者としては、今の日本にすら残されているかどうか不明のこれらの蒐集物に貴重さを見出すと共に、保管戴いていることで成り立つシーボルトの「日本学」に敬服した。「ライデン大学植物園」には、「シーボルト記念庭園」があり、ここにもまた、当時の日本から持ち帰った植物が今

オランダ・「ライデン大学植物園」内「シーボルト記念庭園」
（森田　2014.8.9　ライデン大学訪問時撮影）

も多く残っているが、彼の著書『日本植物誌』を見ても、植物学への不明を恥じるのみであった。

(2) 長崎・「日本二十六聖人殉教地」

このように見れば、長崎は鎖国下の江戸時代にあって、とても優れた国際社会であったといえるかも知れないが、「キリスト教」となると別儀であった。

JR 長崎駅近くに残る「日本二十六聖人殉教地」は、その迫害の始まりを伝えている。天正15（1587）年、豊臣秀吉はバテレン追放令を出すが、南蛮貿易の継続のために禁教は不徹底のままであった。ところが、慶長元（1596）年、土佐沖にスペイン船サン＝フェリペ号が漂着し、その乗組員から、宣教師派遣の後、軍隊を派遣し、その地を征服する方法を繰り返すスペイン王国の版図拡大の実態を知り、秀吉はキリシタン弾圧を強化するため、同年12月19日京都・大坂で捕らえたスペイン人フランシスコ会宣教師ペトロ・バプチスタら異国人六名、イエズス会修道士三木パウロら日本人20名のキリシタンを信者の多い長崎まで連行し、長崎西坂において処刑した。

迫害は徳川政権でも続き、元和8（1622）年長崎奉行は、長崎・大村などの牢舎があった外国人宣教師や宿主・信徒ら55人を火刑あるいは斬首に処した。いわゆる「大殉教」であるが、長崎は殉教の歴史を刻むこととなった。

文久二（1862）年、ローマ教皇は26人を聖人に列して日本二十六聖人と称することとし、昭和37年、この地に殉教記念碑「昇天のいのりの碑」が建立された。

(3) 長崎・「日本二十六聖人殉教地」「潜伏キリシタン墓碑」

　江戸時代のキリシタン（切支丹・吉利支丹）は日本全国において厳しく迫害された。キリシタンが捕まれば苛酷な処刑、非人村への追放、棄教後も続く監視などが待っていたが、宣教師や信徒を密告した者に賞金を与える制度、踏絵によって信仰を試す制度などで厳しい探索も徹底的に行われるようになった。そのため、ほとんどの者がキリスト教と縁を切ったが、それでもなお、江戸時代260年余、弾圧に屈せず信仰を貫いた者がいた。彼らを「潜伏キリシタン」と言うが、殊に長崎周辺などに多かった。幕末開国ののち、慶応元（1865）年、在日フランス人たちなどのために、長崎にはじめて大浦天主堂が建てられたが、その見物人の中から浦上村の信徒達が宣教師プティジャンに信仰を守り通してきたことを告白した。潜伏していた信徒は、浦上村以外にも、外海地方・高島・伊王島・平戸・五島、天草の崎津・大江などがあり、これを後に「キリシタンの復活」と呼び、賞賛した。

(4)「大浦天主堂」

(5)「福江武家屋敷跡」

　五島を説明するのは難しい。あまりに長い引用で恥ずかしいが、間違いや遺漏がないように、『日本大百科全書』の「五島」の項目をすべてを引用する。

　長崎県西端にある市。2004年（平成16）福江(ふくえ)市と、南松浦(みなみまつうら)郡の富江(とみえ)、玉之浦(たまのうら)、三井楽(みいらく)、岐宿(きしく)、奈留(なる)の5町が合併して成立。長崎港の西方約100キロの五島列島のほぼ南半分を占め、五島最大の福江島、久賀島、椛(かば)島、黄島(おう)、赤島、蕨小島(わらびこ)、黒島、島山島(しまやま)、嵯峨ノ島(さが)、奈留島、前島(まえ)の11の有人島、男女群島(だんじょ)を含む52の無人島からなる。福江島には国道384号が通じ、福江空港があり、長崎空港、福岡空港と空路で結ばれる。福江港からは長崎港や五島各地へジェットフォイルやフェリーの便がある。古来大陸との交流が盛んであった。日本の最西端地域の旧石器時代遺跡として茶園(ちゃえん)遺跡があり、縄文時代中期・後期の土器片が出土した大宝(だいほう)遺跡がある。白浜貝塚は縄文時代から弥生時代の遺跡で、片刃石斧類・磨製石鏃が検出され、女亀(めがめ)遺跡でも扁平片刃石斧などが出土しており、いずれも中国大陸とのかかわりがうかがえる。弥生時代に入っても寄神(よりがみ)貝塚や三井楽貝塚のように大規模な貝塚が形成されている。古代には遣唐使船が南路をとる際の日本最後の寄港地は美弥良久(みみらく)（現三井楽）

であった。804年（延暦23）久賀島の南西にある田ノ浦から最澄・空海を乗せた第16次遣唐使船が出帆した。平安末期から鎌倉期にかけては宇野御厨のうちと考えられ、松浦氏一族の勢力が及んだとみられる。戦国期には宇久氏の支配下に入った。宇久氏一族の奈留氏が支配した奈留島は海上交通の要衝で、朝鮮や明の史料にもしばしば地名が見える。宇久氏は近世初頭まで深江（のちの福江）の江川城を拠点とし、1540年（天文9）には通商を求めて来航した明の王直に居住地を与え（のちの唐人町）、王直と提携して対外貿易を行った。1566年（永禄9）イエズス会の修道士が来着、奥浦や六方には教会堂が建立された。江戸時代は大部分が福江藩五島氏（宇久氏が改称）領。福江は福江藩約1万5000石の城下町として賑わった。明治初年の久賀島に始まるキリシタン弾圧は五島各所に広がり悲惨な歴史を残した（五島崩れ）。漁業は古くからの歴史を持ち、各地に漁業基地がある。ブリの定置網漁、アジやサバの巻網漁、きびなごの地引網漁、イカの一本釣り、イセエビ・ハマチ・タイの養殖や蓄養などが行われている。農業は鰐川中流の山内盆地での米作のほか、溶岩台地での葉タバコ、牧草、ムギ、サツマイモなどの畑作がある。水に乏しいため、繁敷ダム、内闇ダムなどが築造された。地形は複雑で海岸線は屈曲に富み、風光明媚な自然に恵まれ西海国立公園に含まれる。東シナ海を望む大瀬崎は高さ100メートル前後の海食崖が約20キロメートルも続き、断崖上には1879年（明治12）に建てられた灯台がある。福江島の南東部には鬼岳を中心とする臼状火山群があり、南麓の鐙瀬の海岸は溶岩流の景勝地。ほかに京ノ岳・男岳・女岳のアスピーテ火山、嵯峨ノ島の火山海食崖、白良ヶ浜の漣痕（さざなみの化石。県指定天然記念物）などがある。荒川湾奥の矢ノ口と増田町にあるヘゴ自生北限地帯、奈留島権現山樹叢は国指定天然記念物。男女群島は全体が国の天然記念物（天然保護区域）に指定される。玉之浦湾岸の荒川温泉は西海国立公園屈指の温泉地。石田城五島氏庭園は国の名勝に指定されている。明星院の銅造如来立像は国の重要文化財。白浜神社の祭事「ヘトマト」は国の重要無形民俗文化財、大津町の念仏踊「チャンココ」は県の無形民俗文化財。西の高野（こうや）大宝寺で見物人に砂を

打ちつけて疫病退散を願う「大宝郷の砂打ち」、嵯峨ノ島に伝わる念仏踊「オーモンデー」は国の選択無形民俗文化財。福江島の東南海岸には倭寇の拠点と伝える勘次ヶ城(県指定史跡)がある。五島列島は歴史的にキリシタンの信仰厚い地域で、各地に教会や古い天主堂がある。奥浦湾内にある赤レンガ造の堂崎教会は、五島で最古の歴史をもつ教会建築で県の有形文化財。久賀島の旧五輪教会堂は国の重要文化財。同島にはキリシタン迫害による殉教地「牢屋の窄」もある。奈留島には1918年(大正7)に建てられた木造建築の江上天主堂(国指定重要文化財)が残る。井持浦教会敷地内の洞窟には井持浦ルルド(フランスの聖地ルルドを模した霊泉)がある。白石湾を望む高台にたつ白亜の水ノ浦教会、赤レンガ造の楠原教会などがある。面積420.85平方キロメートル(男女群島の面積4.62平方キロメートルを含む)、人口4万0622(2010)。

今回の調査において、五島の全貌を調査するにはあまりに短かった。訪れた島は福江島と奈留島だけであった。しかし、存外、たくさんの遺跡、史跡、教会群を取材できた。以下、そのほんの一部の画像を紹介している。

ただ、五島では画像では確認しづらい、本州と違う独特の島国文化の生成の臭いを感じ取った。遣唐使船寄泊地、倭寇の拠点としての高度な大陸文化の遺物。ロシア・バルチック艦隊をも発見した海路の見張り番としての役割。それは大瀬崎灯台や奈留島の城岳展望所などから確認できた。かつての捕鯨文化。大村藩から開墾の民としてやってきたキリシタン信徒の畑作地とカンコロ餅。新鮮な魚介類と済州島や沖縄でも学習した「石干見漁法」。さらには、海防を旨とした城趾と風防を旨とした民家の石積み法も済州島や沖縄と似通っていた。

何よりも、済州島、沖縄でも独自の信仰のあり方を学習したが、今も残る「隠れキリシタン」の信仰は興味尽きない。江戸時代の長いキリシタン弾圧政治の下で、教会も宣教師も持たず、独自の信仰解釈を守り続けたために、信仰の自由、特にキリスト教が自由になったにもかかわらず、自分たちの秘匿的宗教形態を維持しつづけている人びとがまだ存在するとのことである。

三島を結ぶ島国研究の課題は山積みとなったとして未完の結びとしたい。

240　第6章　結びに代えて　共同実地研修調査報告

福江武家屋敷の石垣

（6）福江城

（7）空海筆「辞本涯の碑」

(8) 堂崎教会

「日本二十六聖人」として殉教した五島出身の若者像（堂崎教会内）

(9) 楠原教会

楠原牢屋跡（明治初めのキリシタン迫害。「五島崩れ」）

(10) 水ノ浦教会

(11) 貝津教会

（12）井持浦教会

「井持浦教会」の「ルルドの洞窟」

（13）繁敷教会

（14）奈留教会（奈留島）

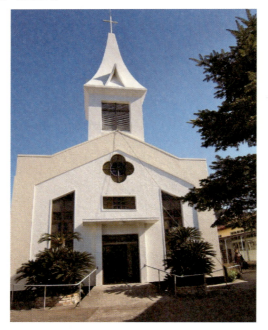

（15）江上教会（奈留島）

（16）大瀬崎灯台

―――――――――――― 執筆者一覧 ――――――――――――

森田雅也（もりた・まさや）――――――――――――（はしがき・第1章第1節・第6章）
関西学院大学文学部文学言語学科教授

田中きく代（たなか・きくよ）――――――――――――（第2章第1節）
関西学院大学文学部文化歴史学科教授
業績：（単著）『南北戦争期の政治文化と移民――エスニシティが語る政党再編成と救貧』2000年、明石書店。（共編著）『北アメリカ社会を眺めて――女性軸とエスニシティ軸の交差点から』2004年、関西学院大学出版会。『〈道〉と境界域――森と海の社会史』2007年、昭和堂。『境界域から見る西洋世界――文化的ボーダーランドとマージナリティ』2012年、ミネルヴァ書房。

塚田幸光（つかだ・ゆきひろ）――――――――――――（第2章第2節）
関西学院大学法学部・大学院言語コミュニケーション文化研究科教授
業績：（単著）『シネマとジェンダー――アメリカ映画の性と戦争』2010年、臨川書店。（編著）『映画とテクノロジー』2015年、ミネルヴァ書房。『映画の身体論』2011年、ミネルヴァ書房など。

阿河雄二郎（あが・ゆうじろう）――――――――――――（第3章第1節）
関西学院大学文学部文化歴史学科教授
業績：（田中きく代との共編著）『〈道〉と境界域――森と海の社会史』2007年、昭和堂。「海軍工廠都市ロシュフォールの誕生」田中きく代他編『境界域からみる西洋世界』所収、2012年、ミネルヴァ書房。「近世フランスの海軍と社会」金澤周作編『海のイギリス史』所収、2013年、昭和堂。（共訳）コレット・ボーヌ著『幻想のジャンヌ・ダルク』2014年、昭和堂。

中谷功治（なかたに・こうじ）――――――――――――（第3章第2節）
関西学院大学文学部文化歴史学科教授
業績：（単著）『歴史を冒険するために――歴史と歴史学をめぐる講義』2008年、関西学院大学出版会。（共著）井上浩一・根津由喜夫編『ビザンツ――交流と共生の千年帝国』2013年、昭和堂。Kazuo Asano (ed.), The Island of St. Nicholas : excavation and survey of the Gemiler Island Area, Lycia, Turkey, Osaka University Press, 2010. ほか。

山　泰幸（やま・よしゆき）──────────────（第4章第1節）
関西学院大学人間福祉学部教授
業績：（単著）『追憶する社会──神と死霊の表象史』2009年、新曜社。（共編著）『現代文化のフィールドワーク入門』2012年、ミネルヴァ書房。『現代文化の社会学入門』2007年、ミネルヴァ書房。

李　恩子（Eun Ja Lee）──────────────（第5章第1節）
関西学院大学国際学部准教授
業績：（論文）「ジェンダー、エスニシティ、「聖なる権威」への抵抗──在日大韓基督教会女性牧師・長老按手プロセスにおける「民族」の位置」『関西学院大学キリスト教と文化研究』No.13、2012年。Rethinking the Relationship between Christianity and Colonialism: Nan'yo Dendo Dan, the Japanese Christian mission to Micronesia from 1920 to 1942 pp.123-132『関西学院大学キリスト教と文化研究』No. 14 2013年 他多数。

岩野祐介（いわの・ゆうすけ）──────────────（第5章第2節）
関西学院大学神学部准教授
業績：（単著）『無教会としての教会──内村鑑三における「個人・信仰共同体・社会」』2013年、教文館。（共著）嶺重淑他『よくわかるクリスマス』2014年、教文館。向井考史他『人間の光と闇──キリスト教の視点から』2010年、関西学院大学出版会ほか。

編著者略歴

森田 雅也（もりた・まさや）

博士（文学）。関西学院大学文学部日本文学科卒業、同大学院修了。関西学院大学文学部助手、専任講師、助教授を経て、現在、関西学院大学文学部文言語学科教授。武庫川女子大学文学部、甲南大学文学部非常勤講師。

日本近世文学会常任委員、俳文学会常任委員、日本文芸学会常任理事、和文化教育学会理事、全国大学国語国文学会会員、歌舞伎学会会員、大阪俳文学研究会、和漢比較文学会会員。西鶴研究会会員。西鶴忌実行委員会代表等。

著書『西鶴浮世草子の展開』（和泉書院）、編著『西鶴諸国はなし』（和泉書院）、『近世文学の展開』（関西学院大学出版会）、分担執筆『新編西鶴全集第Ⅲ期・第Ⅳ期』（勉誠出版）、『21世紀日本文学ガイドブック4　井原西鶴』（ひつじ書房）等他多数。

島国文化と異文化遭遇
海洋世界が育んだ孤立と共生

2015年3月31日初版第一刷発行

編著者　森田雅也

発行者　田中きく代
発行所　関西学院大学出版会
所在地　〒662-0891
　　　　兵庫県西宮市上ケ原一番町1-155
電　話　0798-53-7002

印　刷　協和印刷株式会社

©2015 Masaya Morita
Printed in Japan by Kwansei Gakuin University Press
ISBN 978-4-86283-199-6
乱丁・落丁本はお取り替えいたします。
本書の全部または一部を無断で複写・複製することを禁じます。
関西学院大学共同研究成果出版助成金による。